I0825818

J. HUTTER
bgl. Buchbinder
Stadt Haarmarkt 733
IN WIEN

LA LÉGENDE

DES SIÈCLES

TOME PREMIER

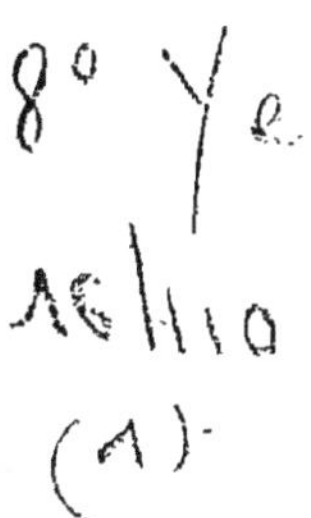

PARIS. — IMPRIMERIE DE J. CLAYE

RUE SAINT-BENOIT, 7

LA LÉGENDE
DES SIÈCLES

PAR

VICTOR HUGO

PREMIÈRE SÉRIE

HISTOIRE — LES PETITES ÉPOPÉES

TOME I

PARIS

MICHEL LÉVY FRÈRES. — HETZEL ET CIE

RUE VIVIENNE, 2 BIS

—

M DCCC LIX

A

LA FRANCE

Livre, qu'un vent t'emporte
En France où je suis né !
L'arbre déraciné
Donne sa feuille morte.

V. H.

LA

LÉGENDE DES SIÈCLES

Les personnes qui voudront bien jeter un coup d'œil sur ce livre ne s'en feraient pas une idée précise, si elles y voyaient autre chose qu'un commencement.

Ce livre est-il donc un fragment? Non. Il existe à part. Il a, comme on le verra, son exposition, son milieu et sa fin.

Mais, en même temps, il est, pour ainsi dire, la première page d'un autre livre.

Un commencement peut-il être un tout? Sans doute. Un péristyle est un édifice.

L'arbre, commencement de la forêt, est un tout. Il appartient à la vie isolée, par la racine, et à la vie en commun, par la séve. A lui seul, il ne prouve que l'arbre, mais il annonce la forêt.

Ce livre, s'il n'y avait pas quelque affectation dans des comparaisons de cette nature, aurait, lui aussi, ce double caractère. Il existe solitairement et forme un tout; il existe solidairement et fait partie d'un ensemble.

Cet ensemble, que sera-t-il?

Exprimer l'humanité dans une espèce d'œuvre cyclique; la peindre successivement et simultanément sous tous ses aspects, histoire, fable, philosophie, religion, science, lesquels se résument en un seul et immense mouvement d'ascension vers la lumière; faire apparaître, dans une sorte de miroir sombre et clair — que l'interruption naturelle des travaux terrestres brisera probablement avant qu'il ait la dimension rêvée par l'auteur — cette grande figure une et multiple, lugubre et rayonnante, fatale et sacrée, l'Homme; voilà de quelle pensée, de quelle ambition, si l'on veut, est sortie *la Légende des Siècles.*

Les deux premiers volumes qu'on va lire n'en contiennent que la première partie, la première série, comme dit le titre.

Les poëmes qui composent ces deux volumes ne sont donc autre chose que des empreintes successives du profil humain, de date en date, depuis Ève, mère des hommes, jusqu'à la Révolution, mère des peuples; empreintes prises, tantôt sur la barbarie, tantôt sur la civilisation, presque toujours sur le vif de l'histoire; empreintes moulées sur le masque des siècles.

Quand d'autres volumes se seront joints à ceux-ci, de façon à rendre l'œuvre un peu moins incomplète, cette série d'empreintes, vaguement disposées dans un certain ordre chronologique, pourra former une sorte de galerie de la médaille humaine.

Pour le poëte comme pour l'historien, pour l'archéologue comme pour le philosophe, chaque siècle est un changement de physionomie de l'humanité. On trouvera dans ces deux volumes, qui, nous le répétons, seront continués et complétés, le reflet de quelques-uns de ces changements de physionomie.

On y trouvera quelque chose du passé, quelque chose du présent (XIII. *Maintenant*), et comme un vague mirage de l'avenir. Du reste, ces poëmes, divers par le sujet, mais inspirés par la même pensée, n'ont entre eux d'autre nœud qu'un fil, ce fil qui s'atténue quelquefois au point de devenir invisible, mais qui ne casse jamais, le grand fil mystérieux du labyrinthe humain, le Progrès.

Comme dans une mosaïque, chaque pierre a sa couleur et sa forme propre; l'ensemble donne une figure. La figure de ce livre, on l'a dit plus haut, c'est l'homme.

Ces deux volumes d'ailleurs, qu'on veuille bien ne pas l'oublier, sont à l'ouvrage dont ils font partie, et qui sera mis au jour plus tard, ce que serait à une symphonie l'ouverture. Ils n'en peuvent donner l'idée exacte et complète, mais ils contiennent une lueur de l'œuvre entière.

Le poëme que l'auteur a dans l'esprit, n'est ici qu'entr'ouvert.

Quant à ces deux volumes pris en eux-mêmes, l'auteur n'a qu'un mot à en dire : le genre humain, considéré comme un grand individu collectif accomplissant d'époque en époque une série d'actes sur la terre, a deux aspects : l'aspect historique et l'aspect légendaire. Le second n'est pas moins vrai que le premier ; le premier n'est pas moins conjectural que le second.

Qu'on ne conclue pas de cette dernière

ligne — disons-le en passant — qu'il puisse entrer dans la pensée de l'auteur d'amoindrir la haute valeur de l'enseignement historique. Pas une gloire, parmi les splendeurs du génie humain, ne dépasse celle du grand historien philosophe. L'auteur, seulement, sans diminuer la portée de l'histoire, veut constater la portée de la légende. Hérodote fait l'histoire, Homère fait la légende.

C'est l'aspect légendaire qui prévaut dans ces deux volumes et qui en colore les poëmes. Ces poëmes se passent l'un à l'autre le flambeau de la tradition humaine. *Quasi cursores.* C'est ce flambeau, dont la flamme est le vrai, qui fait l'unité de ce livre. Tous ces poëmes, ceux du moins qui résument le passé, sont de la réalité historique condensée ou de la réalité historique devinée. La fiction parfois, la falsification jamais; aucun grossissement de lignes; fidélité absolue à la couleur des temps et à l'esprit des civilisations diverses. Pour citer des exemples, la décadence romaine (tome 1er page 49) n'a pas un détail qui ne soit rigoureusement exact; la barbarie mahométane ressort de Cantemir, à travers l'enthousiasme de l'historiographe turc, telle qu'elle est exposée dans les premières pages de *Zim-Zizimi* et de *Sultan Mourad*.

Du reste, les personnes auxquelles l'étude du passé est familière, reconnaîtront, l'auteur n'en doute pas, l'accent réel et sincère de tout ce livre. Un de ces poëmes (*Première rencontre du Christ avec le tombeau*) est tiré, l'auteur pourrait dire traduit, de l'Évangile. Deux autres (*le Mariage de Roland*, *Aymerillot*) sont des feuillets détachés de la colossale épopée du moyen âge (*Charlemagne, emperor à la barbe florie*). Ces deux poëmes jaillissent directement des livres de geste de la chevalerie. C'est de l'histoire écoutée aux portes de la légende.

Quant au mode de formation de plusieurs des autres poëmes dans la pensée de l'auteur, on pourra s'en faire une idée en lisant les quelques lignes placées en note à la page 126 du tome II, lignes d'où est sortie la pièce intitulée : *les Raisons du Momotombo*. L'auteur en convient, un rudiment imperceptible, perdu dans la chronique ou dans la tradition, à peine visible à l'œil nu, lui a souvent suffi. Il n'est pas défendu au poëte et au philosophe d'essayer sur les faits sociaux ce que le naturaliste essaie sur les faits zoologiques : la reconstruction du monstre d'après l'empreinte de l'ongle ou l'alvéole de la dent.

Ici lacune, là étude complaisante et approfondie d'un détail, tel est l'inconvénient de toute publication fractionnée. Ces défauts de proportion peuvent n'être qu'apparents. Le lecteur trouvera certainement juste d'attendre, pour les apprécier définitivement, que *la Légende des Siècles* ait paru en entier. Les usurpations, par exemple, jouent un tel rôle dans la construction des royautés au moyen âge, et mêlent tant de crimes à la complication des investitures, que l'auteur a cru devoir les présenter sous leurs trois principaux aspects dans les trois drames : *le Petit Roi de Galice, Eviradnus, la Confiance du marquis Fabrice.* Ce qui peut sembler aujourd'hui un développement excessif s'ajustera plus tard à l'ensemble.

Les tableaux riants sont rares dans ce livre ; cela tient à ce qu'ils ne sont pas fréquents dans l'histoire.

Comme on le verra, l'auteur, en racontant le genre humain, ne l'isole pas de son entourage terrestre. Il mêle quelquefois à l'homme, il heurte à l'âme humaine, afin de lui faire rendre son véritable son, ces êtres différents de l'homme que nous nommons bêtes, choses, nature morte, et qui remplissent on ne sait quelles fonctions fatales dans l'équilibre vertigineux de la création.

Tel est ce livre. L'auteur l'offre au public sans rien se dissimuler de sa profonde insuffisance. C'est une tentative vers l'idéal. Rien de plus.

Ce dernier mot a besoin peut-être d'être expliqué.

Plus tard, nous le croyons, lorsque plusieurs autres parties de ce livre auront été publiées, on apercevra le lien qui, dans la conception de l'auteur, rattache *la Légende des Siècles* à deux autres poëmes, presque terminés à cette heure, et qui en sont, l'un le dénoûment, l'autre le couronnement; *la Fin de Satan*, et *Dieu*.

L'auteur, du reste, pour compléter ce qu'il a dit plus haut, ne voit aucune difficulté à faire entrevoir dès à présent, qu'il a esquissé dans la solitude une sorte de poëme d'une certaine étendue où se réverbère le problème unique, l'Être, sous sa triple face; l'Humanité, le Mal, l'Infini; le progressif, le relatif, l'absolu; en ce qu'on pourrait appeler trois chants : *la Légende des Siècles*, *la Fin de Satan*, *Dieu*.

Il publie aujourd'hui un premier carton de cette esquisse. Les autres suivront.

Nul ne peut répondre d'achever ce qu'il a commencé, pas une minute de continuation certaine n'est assurée à l'œuvre ébauchée; la solution de continuité, hélas! c'est tout l'homme; mais il est permis, même au plus faible, d'avoir une bonne intention et de la dire.

Or, l'intention de ce livre est bonne.

L'épanouissement du genre humain de siècle en siècle, l'homme montant des ténèbres à l'idéal, la transfiguration paradisiaque de l'enfer terrestre, l'éclosion lente et suprême de la liberté, droit pour cette vie, responsabilité pour l'autre; une espèce d'hymne religieux à mille strophes, ayant dans ses entrailles une foi profonde et sur son sommet une haute prière; le drame de la création éclairé par le visage du créateur, voilà ce que sera, terminé, ce poëme dans son ensemble; si Dieu, maître des existences humaines, y consent.

Hauteville house. Septembre 1859.

I

D'ÈVE A JÉSUS

I

LE SACRE DE LA FEMME

I

L'aurore apparaissait ; quelle aurore ? Un abîme
D'éblouissement, vaste, insondable, sublime ;
Une ardente lueur de paix et de bonté.
C'était aux premiers temps du globe ; et la clarté
Brillait sereine au front du ciel inaccessible,
Étant tout ce que Dieu peut avoir de visible ;
Tout s'illuminait, l'ombre et le brouillard obscur ;
Des avalanches d'or s'écroulaient dans l'azur ;

Le jour en flamme, au fond de la terre ravie,
Embrasait les lointains splendides de la vie ;
Les horizons pleins d'ombre et de rocs chevelus,
Et d'arbres effrayants que l'homme ne voit plus,
Luisaient comme le songe et comme le vertige,
Dans une profondeur d'éclair et de prodige;
L'Éden pudique et nu s'éveillait mollement;
Les oiseaux gazouillaient un hymne si charmant,
Si frais, si gracieux, si suave et si tendre,
Que les anges distraits se penchaient pour l'entendre;
Le seul rugissement du tigre était plus doux;
Les halliers où l'agneau paissait avec les loups,
Les mers où l'hydre aimait l'alcyon, et les plaines
Où les ours et les daims confondaient leurs haleines,
Hésitaient, dans le chœur des concerts infinis,
Entre le cri de l'antre et la chanson des nids.
La prière semblait à la clarté mêlée;
Et sur cette nature encore immaculée
Qui du verbe éternel avait gardé l'accent,
Sur ce monde céleste, angélique, innocent,
Le matin, murmurant une sainte parole,
Souriait, et l'aurore était une auréole.
Tout avait la figure intègre du bonheur;
Pas de bouche d'où vînt un souffle empoisonneur;
Pas un être qui n'eût sa majesté première;
Tout ce que l'infini peut jeter de lumière
Éclatait pêle-mêle à la fois dans les airs;
Le vent jouait avec cette gerbe d'éclairs

Dans le tourbillon libre et fuyant des nuées;
L'enfer balbutiait quelques vagues huées
Qui s'évanouissaient dans le grand cri joyeux
Des eaux, des monts, des bois, de la terre et des cieux!
Les vents et les rayons semaient de tels délires
Que les forêts vibraient comme de grandes lyres;
De l'ombre à la clarté, de la base au sommet,
Une fraternité vénérable germait;
L'astre était sans orgueil et le ver sans envie;
On s'adorait d'un bout à l'autre de la vie;
Une harmonie égale à la clarté, versant
Une extase divine au globe adolescent,
Semblait sortir du cœur mystérieux du monde;
L'herbe en était émue, et le nuage, et l'onde,
Et même le rocher qui songe et qui se tait;
L'arbre, tout pénétré de lumière, chantait;
Chaque fleur, échangeant son souffle et sa pensée
Avec le ciel serein d'où tombe la rosée,
Recevait une perle et donnait un parfum;
L'Être resplendissait, Un dans Tout, Tout dans Un;
Le paradis brillait sous les sombres ramures
De la vie ivre d'ombre et pleine de murmures,
Et la lumière était faite de vérité;
Et tout avait la grâce, ayant la pureté;
Tout était flamme, hymen, bonheur, douceur, clémence,
Tant ces immenses jours avaient une aube immense!

II

Ineffable lever du premier rayon d'or !
Du jour éclairant tout sans rien savoir encor !
O matin des matins ! amour ! joie effrénée
De commencer le temps, l'heure, le mois, l'année !
Ouverture du monde ! instant prodigieux !
La nuit se dissolvait dans les énormes cieux
Où rien ne tremble, où rien ne pleure, où rien ne souffre ;
Autant que le chaos la lumière était gouffre ;
Dieu se manifestait dans sa calme grandeur,
Certitude pour l'âme et pour les yeux splendeur ;
De faîte en faîte, au ciel et sur terre, et dans toutes
Les épaisseurs de l'être aux innombrables voûtes,
On voyait l'évidence adorable éclater ;
Le monde s'ébauchait ; tout semblait méditer ;
Les types primitifs, offrant dans leur mélange
Presque la brute informe et rude et presque l'ange,
Surgissaient, orageux, gigantesques, touffus ;
On sentait tressaillir sous leurs groupes confus
La terre, inépuisable et suprême matrice ;
La création sainte, à son tour créatrice,
Modelait vaguement des aspects merveilleux,
Faisait sortir l'essaim des êtres fabuleux

Tantôt des bois, tantôt des mers, tantôt des nues,
Et proposait à Dieu des formes inconnues
Que le temps, moissonneur pensif, plus tard changea;
On sentait sourdre, et vivre, et végéter déjà
Tous les arbres futurs, pins, érables, yeuses,
Dans des verdissements de feuilles monstrueuses;
Une sorte de vie excessive gonflait
La mamelle du monde au mystérieux lait;
Tout semblait presque hors de la mesure éclore;
Comme si la nature, en étant proche encore,
Eût pris, pour ses essais sur la terre et les eaux,
Une difformité splendide au noir chaos.

Les divins paradis, pleins d'une étrange séve,
Semblent au fond des temps reluire dans le rêve,
Et pour nos yeux obscurs, sans idéal, sans foi,
Leur extase aujourd'hui serait presque l'effroi;
Mais qu'importe à l'abîme, à l'âme universelle
Qui dépense un soleil au lieu d'une étincelle,
Et qui, pour y pouvoir poser l'ange azuré,
Fait croître jusqu'aux cieux l'Éden démesuré!

Jours inouïs! le bien, le beau, le vrai, le juste,
Coulaient dans le torrent, frissonnaient dans l'arbuste;
L'aquilon louait Dieu de sagesse vêtu;
L'arbre était bon; la fleur était une vertu;

C'est trop peu d'être blanc, le lis était candide;
Rien n'avait de souillure et rien n'avait de ride;
Jours purs! rien ne saignait sous l'ongle et sous la dent;
La bête heureuse était l'innocence rôdant;
Le mal n'avait encor rien mis de son mystère
Dans le serpent, dans l'aigle altier, dans la panthère;
Le précipice ouvert dans l'animal sacré
N'avait pas d'ombre, étant jusqu'au fond éclairé;
La montagne était jeune et la vague était vierge;
Le globe, hors des mers dont le flot le submerge,
Sortait beau, magnifique, aimant, fier, triomphant,
Et rien n'était petit quoique tout fût enfant;
La terre avait, parmi ses hymnes d'innocence,
Un étourdissement de séve et de croissance;
L'instinct fécond faisait rêver l'instinct vivant;
Et, répandu partout, sur les eaux, dans le vent,
L'amour épars flottait comme un parfum s'exhale;
La nature riait, naïve et colossale;
L'espace vagissait ainsi qu'un nouveau-né.
L'aube était le regard du soleil étonné.

III

Or, ce jour-là, c'était le plus beau qu'eût encore
Versé sur l'univers la radieuse aurore;

Le même séraphique et saint frémissement
Unissait l'algue à l'onde et l'être à l'élément;
L'éther plus pur luisait dans les cieux plus sublimes;
Les souffles abondaient plus profonds sur les cimes;
Les feuillages avaient de plus doux mouvements;
Et les rayons tombaient caressants et charmants
Sur un frais vallon vert, où, débordant d'extase,
Adorant ce grand ciel que la lumière embrase,
Heureux d'être, joyeux d'aimer, ivres de voir,
Dans l'ombre, au bord d'un lac, vertigineux miroir,
Étaient assis, les pieds effleurés par la lame,
Le premier homme auprès de la première femme.

L'époux priait, ayant l'épouse à son côté.

IV

Ève offrait au ciel bleu la sainte nudité;
Ève blonde admirait l'aube, sa sœur vermeille.

Chair de la femme! argile idéale! ô merveille!
O pénétration sublime de l'esprit
Dans le limon que l'Être ineffable pétrit!

Matière où l'âme brille à travers son suaire !
Boue où l'on voit les doigts du divin statuaire !
Fange auguste appelant le baiser et le cœur,
Si sainte, qu'on ne sait, tant l'amour est vainqueur,
Tant l'âme est vers ce lit mystérieux poussée,
Si cette volupté n'est pas une pensée,
Et qu'on ne peut, à l'heure où les sens sont en feu,
Étreindre la beauté sans croire embrasser Dieu !

Ève laissait errer ses yeux sur la nature.

Et, sous les verts palmiers à la haute stature,
Autour d'Ève, au-dessus de sa tête, l'œillet
Semblait songer, le bleu lotus se recueillait,
Le frais myosotis se souvenait ; les roses
Cherchaient ses pieds avec leurs lèvres demi-closes ;
Un souffle fraternel sortait du lys vermeil ;
Comme si ce doux être eût été leur pareil,
Comme si de ces fleurs, ayant toutes une âme,
La plus belle s'était épanouie en femme.

V

Pourtant, jusqu'à ce jour, c'était Adam, l'élu
Qui dans le ciel sacré le premier avait lu,
C'était le Marié tranquille et fort, que l'ombre
Et la lumière, et l'aube, et les astres sans nombre,
Et les bêtes des bois, et les fleurs du ravin
Suivaient ou vénéraient comme l'aîné divin,
Comme le front ayant la lueur la plus haute;
Et, quand tous deux, la main dans la main, côte à côte,
Erraient dans la clarté de l'Éden radieux,
La nature sans fond, sous ses millions d'yeux,
A travers les rochers, les rameaux, l'onde et l'herbe,
Couvait, avec amour pour le couple superbe,
Avec plus de respect pour l'homme, être complet,
Ève qui regardait, Adam qui contemplait.

Mais, ce jour-là, ces yeux innombrables qu'entr'ouvre
L'infini sous les plis du voile qui le couvre,
S'attachaient sur l'épouse et non pas sur l'époux,
Comme si, dans ce jour religieux et doux,
Béni parmi les jours et parmi les aurores,
Aux nids ailés perdus sous les branches sonores,

Au nuage, aux ruisseaux, aux frissonnants essaims,
Aux bêtes, aux cailloux, à tous ces êtres saints
Que de mots ténébreux la terre aujourd'hui nomme,
La femme eût apparu plus auguste que l'homme!

VI

Pourquoi ce choix? pourquoi cet attendrissement
Immense du profond et divin firmament?
Pourquoi tout l'univers penché sur une tête?
Pourquoi l'aube donnant à la femme une fête?
Pourquoi ces chants? Pourquoi ces palpitations
Des flots dans plus de joie et dans plus de rayons?
Pourquoi partout l'ivresse et la hâte d'éclore,
Et les antres heureux de s'ouvrir à l'aurore,
Et plus d'encens sur terre et plus de flamme aux cieux?

Le beau couple innocent songeait silencieux.

VII

Cependant la tendresse inexprimable et douce
De l'astre, du vallon, du lac, du brin de mousse,
Tressaillait plus profonde à chaque instant autour
D'Ève, que saluait du haut des cieux le jour;
Le regard qui sortait des choses et des êtres,
Des flots bénis, des bois sacrés, des arbres prêtres,
Se fixait, plus pensif de moment en moment,
Sur cette femme au front vénérable et charmant;
Un long rayon d'amour lui venait des abîmes,
De l'ombre, de l'azur, des profondeurs, des cimes,
De la fleur, de l'oiseau chantant, du roc muet.

Et, pâle, Ève sentit que son flanc remuait.

II

LA CONSCIENCE

Lorsque avec ses enfants vêtus de peaux de bêtes,
Échevelé, livide au milieu des tempêtes,
Caïn se fut enfui de devant Jéhovah,
Comme le soir tombait, l'homme sombre arriva
Au bas d'une montagne en une grande plaine;
Sa femme fatiguée et ses fils hors d'haleine
Lui dirent: « Couchons-nous sur la terre, et dormons. »
Caïn, ne dormant pas, songeait au pied des monts.

Ayant levé la tête, au fond des cieux funèbres,
Il vit un œil, tout grand ouvert dans les ténèbres,
Et qui le regardait dans l'ombre fixement.
« Je suis trop près, » dit-il avec un tremblement.
Il réveilla ses fils dormant, sa femme lasse,
Et se remit à fuir sinistre dans l'espace.
Il marcha trente jours, il marcha trente nuits.
Il allait, muet, pâle et frémissant aux bruits,
Furtif, sans regarder derrière lui, sans trêve,
Sans repos, sans sommeil; il atteignit la grève
Des mers dans le pays qui fut depuis Assur.
« Arrêtons-nous, dit-il, car cet asile est sûr.
Restons-y. Nous avons du monde atteint les bornes. »
Et, comme il s'asseyait, il vit dans les cieux mornes
L'œil à la même place au fond de l'horizon.
Alors il tressaillit en proie au noir frisson.
« Cachez-moi! » cria-t-il; et, le doigt sur la bouche,
Tous ses fils regardaient trembler l'aïeul farouche.
Caïn dit à Jabel, père de ceux qui vont
Sous des tentes de poil dans le désert profond :
« Étends de ce côté la toile de la tente. »
Et l'on développa la muraille flottante;
Et, quand on l'eut fixée avec des poids de plomb,
« Vous ne voyez plus rien? » dit Tsilla, l'enfant blond,
La fille de ses fils, douce comme l'aurore;
Et Caïn répondit : « Je vois cet œil encore! »
Jubal, père de ceux qui passent dans les bourgs
Soufflant dans des clairons et frappant des tambours,

Cria : « Je saurai bien construire une barrière. »
Il fit un mur de bronze et mit Caïn derrière.
Et Caïn dit : « Cet œil me regarde toujours ! »
Hénoch dit : « Il faut faire une enceinte de tours
Si terrible, que rien ne puisse approcher d'elle.
Bâtissons une ville avec sa citadelle,
Bâtissons une ville, et nous la fermerons. »
Alors Tubalcaïn, père des forgerons,
Construisit une ville énorme et surhumaine.
Pendant qu'il travaillait, ses frères, dans la plaine,
Chassaient les fils d'Énos et les enfants de Seth;
Et l'on crevait les yeux à quiconque passait;
Et, le soir, on lançait des flèches aux étoiles.
Le granit remplaça la tente aux murs de toiles,
On lia chaque bloc avec des nœuds de fer,
Et la ville semblait une ville d'enfer;
L'ombre des tours faisait la nuit dans les campagnes;
Ils donnèrent aux murs l'épaisseur des montagnes;
Sur la porte on grava : « Défense à Dieu d'entrer. »
Quand ils eurent fini de clore et de murer,
On mit l'aïeul au centre en une tour de pierre;
Et lui restait lugubre et hagard. « O mon père !
L'œil a-t-il disparu? » dit en tremblant Tsilla.
Et Caïn répondit : « Non, il est toujours là. »
Alors il dit : « Je veux habiter sous la terre
Comme dans son sépulcre un homme solitaire;
Rien ne me verra plus, je ne verrai plus rien. »
On fit donc une fosse, et Caïn dit : « C'est bien! »

Puis il descendit seul sous cette voûte sombre ;
Quand il se fut assis sur sa chaise dans l'ombre
Et qu'on eut sur son front fermé le souterrain,
L'œil était dans la tombe et regardait Caïn.

III

PUISSANCE ÉGALE BONTÉ

Au commencement, Dieu vit un jour dans l'espace
Iblis venir à lui; Dieu dit : « Veux-tu ta grâce?
— Non, dit le Mal. — Alors que me demandes-tu?
— Dieu, répondit Iblis de ténèbres vêtu,
Joutons à qui créera la chose la plus belle. »
L'Être dit : « J'y consens. — Voici, dit le Rebelle :
Moi, je prendrai ton œuvre et la transformerai.
Toi, tu féconderas ce que je t'offrirai;

Et chacun de nous deux soufflera son génie
Sur la chose par l'autre apportée et fournie.
— Soit. Que te faut-il? Prends, dit l'Être avec dédain.
— La tête du cheval et les cornes du daim.
— Prends. » Le monstre hésitant que la brume enveloppe
Reprit : « J'aimerais mieux celle de l'antilope.
— Va, prends. » Iblis entra dans son antre et forgea.
Puis il dressa le front. « Est-ce fini déjà?
— Non. — Te faut-il encor quelque chose? dit l'Être.
— Les yeux de l'éléphant, le cou du taureau, maître.
— Prends. — Je demande, en outre, ajouta le Rampant,
Le ventre du cancer, les anneaux du serpent,
Les cuisses du chameau, les pattes de l'autruche.
— Prends. » Ainsi qu'on entend l'abeille dans la ruche,
On entendait aller et venir dans l'enfer
Le démon remuant des enclumes de fer.
Nul regard ne pouvait voir à travers la nue
Ce qu'il faisait au fond de la cave inconnue.
Tout à coup, se tournant vers l'Être, Iblis hurla :
« Donne-moi la couleur de l'or. » Dieu dit : « Prends-la. »
Et, grondant et râlant comme un bœuf qu'on égorge,
Le démon se remit à battre dans sa forge;
Il frappait du ciseau, du pilon, du maillet,
Et toute la caverne horrible tressaillait;
Les éclairs des marteaux faisaient une tempête;
Ses yeux ardents semblaient deux braises dans sa tête;
Il rugissait; le feu lui sortait des naseaux,
Avec un bruit pareil au bruit des grandes eaux

Dans la saison livide où la cigogne émigre.
Dieu dit : » Que te faut-il encor? — Le bond du tigre.
— Prends. — C'est bien, dit Iblis debout dans son volcan
— Viens m'aider à souffler, » dit-il à l'ouragan.
L'âtre flambait ; Iblis, suant à grosses gouttes,
Se courbait, se tordait, et, sous les sombres voûtes,
On ne distinguait rien qu'une sombre rougeur
Empourprant le profil du monstrueux forgeur.
Et l'ouragan l'aidait, étant démon lui-même.
L'Être, parlant du haut du firmament suprême,
Dit : « Que veux-tu de plus? » Et le grand paria,
Levant sa tête énorme et triste, lui cria :
« Le poitrail du lion et les ailes de l'aigle. »
Et Dieu jeta, du fond des éléments qu'il règle,
A l'ouvrier d'orgueil et de rébellion
L'aile de l'aigle avec le poitrail du lion.
Et le démon reprit son œuvre sous les voiles.
« Quelle hydre fait-il donc? » demandaient les étoiles.
Et le monde attendait, grave, inquiet, béant,
Le colosse qu'allait enfanter ce géant ;
Soudain, on entendit dans la nuit sépulcrale
Comme un dernier effort jetant un dernier râle ;
L'Etna, fauve atelier du forgeron maudit,
Flamboya ; le plafond de l'enfer se fendit,
Et, dans une clarté blême et surnaturelle,
On vit des mains d'Iblis jaillir la sauterelle.

Et l'infirme effrayant, l'être ailé, mais boiteux,
Vit sa création et n'en fut pas honteux,
L'avortement étant l'habitude de l'ombre.
Il sortit à mi-corps de l'éternel décombre,
Et, croisant ses deux bras, arrogant, ricanant,
Cria dans l'infini : « Maître, à toi maintenant! »
Et ce fourbe, qui tend à Dieu même une embûche,
Reprit : « Tu m'as donné l'éléphant et l'autruche,
Et l'or pour dorer tout; et ce qu'ont de plus beau
Le chameau, le cheval, le lion, le taureau,
Le tigre et l'antilope, et l'aigle et la couleuvre;
C'est mon tour de fournir la matière à ton œuvre;
Voici tout ce que j'ai. Je te le donne. Prends. »
Dieu, pour qui les méchants mêmes sont transparents,
Tendit sa grande main de lumière baignée
Vers l'ombre, et le démon lui donna l'araignée.

Et Dieu prit l'araignée et la mit au milieu
Du gouffre qui n'était pas encor le ciel bleu;
Et l'Esprit regarda la bête; sa prunelle,
Formidable, versait la lueur éternelle;
Le monstre, si petit qu'il semblait un point noir,
Grossit alors, et fut soudain énorme à voir;
Et Dieu le regardait de son regard tranquille;
Une aube étrange erra sur cette forme vile;
L'affreux ventre devint un globe lumineux;
Et les pattes, changeant en sphères d'or leurs nœuds,

S'allongèrent dans l'ombre en grands rayons de flamme ;
Iblis leva les yeux, et tout à coup l'infâme,
Ébloui, se courba sous l'abîme vermeil ;
Car Dieu, de l'araignée, avait fait le soleil.

IV

LES LIONS

Les lions dans la fosse étaient sans nourriture.
Captifs, ils rugissaient vers la grande nature
Qui prend soin de la brute au fond des antres sourds.
Les lions n'avaient pas mangé depuis trois jours.
Ils se plaignaient de l'homme, et, pleins de sombres haines,
A travers leur plafond de barreaux et de chaînes,
Regardaient du couchant la sanglante rougeur;
Leur voix grave effrayait au loin le voyageur

Marchant à l'horizon dans les collines bleues.

Tristes, ils se battaient le ventre de leurs queues;
Et les murs du caveau tremblaient, tant leurs yeux roux
A leur gueule affamée ajoutaient de courroux!

La fosse était profonde; et, pour cacher leur fuite,
Og et ses vastes fils l'avaient jadis construite;
Ces enfants de la terre avaient creusé pour eux
Ce palais colossal dans le roc ténébreux;
Leurs têtes en ayant crevé la large voûte,
La lumière y tombait et s'y répandait toute,
Et ce cachot de nuit pour dôme avait l'azur.
Nabuchodonosor, qui régnait dans Assur,
En avait fait couvrir d'un dallage le centre;
Et ce roi fauve avait trouvé bon que cet antre,
Qui jadis vit les Chams et les Deucalions,
Bâti par les géants, servît pour les lions.

Ils étaient quatre, et tous affreux. Une litière
D'ossements tapissait le vaste bestiaire;
Les rochers étageaient leur ombre au-dessus d'eux;
Ils marchaient, écrasant sur le pavé hideux
Des carcasses de bête et des squelettes d'homme.

Le premier arrivait du désert de Sodome;
Jadis, quand il avait sa fauve liberté,
Il habitait le Sin, tout à l'extrémité

Du silence terrible et de la solitude;
Malheur à qui tombait sous sa patte au poil rude!
Et c'était un lion des sables.

Le second
Sortait de la forêt de l'Euphrate fécond;
Naguère, en le voyant vers le fleuve descendre,
Tout tremblait; on avait eu du mal à le prendre,
Car il avait fallu les meutes de deux rois;
Il grondait; et c'était une bête des bois.

Et le troisième était un lion des montagnes.
Jadis il avait l'ombre et l'horreur pour compagnes;
Dans ce temps-là, parfois, vers les ravins bourbeux
Se ruaient des galops de moutons et de bœufs;
Tous fuyaient, le pasteur, le guerrier et le prêtre;
Et l'on voyait sa face effroyable apparaître.

Le quatrième, monstre épouvantable et fier,
Était un grand lion des plages de la mer.
Il rôdait près des flots avant son esclavage.
Gur, cité forte, était alors sur le rivage;
Ses toits fumaient; son port abritait un amas
De navires mêlant confusément leurs mâts;
Le paysan portant son gomor plein de manne
S'y rendait; le prophète y venait sur son âne;

Ce peuple était joyeux comme un oiseau lâché;
Gur avait une place avec un grand marché,
Et l'Abyssin venait y vendre des ivoires;
L'Amorrhéen, de l'ambre et des chemises noires;
Ceux d'Ascalon, du beurre, et ceux d'Aser, du blé.
Du vol de ses vaisseaux l'abîme était troublé.
Or, ce lion était gêné par cette ville;
Il trouvait, quand le soir il songeait immobile,
Qu'elle avait trop de peuple et faisait trop de bruit.
Gur était très-farouche et très-haute; la nuit,
Trois lourds barreaux fermaient l'entrée inabordable;
Entre chaque créneau se dressait, formidable,
Une corne de buffle ou de rhinocéros;
Le mur était solide et droit comme un héros;
Et l'Océan roulait à vagues débordées
Dans le fossé, profond de soixante coudées.
Au lieu de dogues noirs jappant dans le chenil,
Deux dragons monstrueux pris dans les joncs du Nil
Et dressés par un mage à la garde servile,
Veillaient des deux côtés de la porte de ville.
Or, le lion s'était une nuit avancé,
Avait franchi d'un bond le colossal fossé,
Et broyé, furieux, entre ses dents barbares,
La porte de la ville avec ses triples barres,
Et, sans même les voir, mêlé les deux dragons
Au vaste écrasement des verrous et des gonds;
Et, quand il s'en était retourné vers la grève,
De la ville et du peuple il ne restait qu'un rêve,

Et, pour loger le tigre et nicher les vautours,
Quelques larves de murs sous des spectres de tours

Celui-là se tenait accroupi sur le ventre.
Il ne rugissait pas, il bâillait; dans cet antre
Où l'homme misérable avait le pied sur lui,
Il dédaignait la faim, ne sentant que l'ennui.

Les trois autres allaient et venaient; leur prunelle,
Si quelque oiseau battait leurs barreaux de son aile,
Le suivait; et leur faim bondissait, et leur dent
Mâchait l'ombre à travers leur cri rauque et grondant.

Soudain, dans l'angle obscur de la lugubre étable,
La grille s'entr'ouvrit; sur le seuil redoutable,
Un homme que poussaient d'horribles bras tremblants,
Apparut; il était vêtu de linceuls blancs;
La grille referma ses deux battants funèbres;
L'homme avec les lions resta dans les ténèbres.
Les monstres, hérissant leur crinière, écumant,
Se ruèrent sur lui, poussant ce hurlement
Effroyable, où rugit la haine et le ravage
Et toute la nature irritée et sauvage
Avec son épouvante et ses rébellions;
Et l'homme dit: « La paix soit avec vous, lions! »

L'homme dressa la main ; les lions s'arrêtèrent.

Les loups qui font la guerre aux morts et les déterrent,
Les ours au crâne plat, les chacals convulsifs
Qui pendant le naufrage errent sur les récifs,
Sont féroces ; l'hyène infâme est implacable ;
Le tigre attend sa proie et d'un seul bond l'accable ;
Mais le puissant lion, qui fait de larges pas,
Parfois lève sa griffe et ne la baisse pas,
Étant le grand rêveur solitaire de l'ombre.

Et les lions, groupés dans l'immense décombre,
Se mirent à parler entre eux, délibérant ;
On eût dit des vieillards réglant un différend
Au froncement pensif de leurs moustaches blanches.
Un arbre mort pendait, tordant sur eux ses branches.

Et, grave, le lion des sables dit : « Lions,
Quand cet homme est entré, j'ai cru voir les rayons
De midi dans la plaine où l'ardent semoun passe,
Et j'ai senti le souffle énorme de l'espace ;
Cet homme vient à nous de la part du désert. »

Le lion des bois dit : « Autrefois, le concert
Du figuier, du palmier, du cèdre et de l'yeuse,
Emplissait jour et nuit ma caverne joyeuse ;
Même à l'heure où l'on sent que le monde se tait,
Le grand feuillage vert autour de moi chantait.

Quand cet homme a parlé, sa voix m'a semblé douce
Comme le bruit qui sort des nids d'ombre et de mousse;
Cet homme vient à nous de la part des forêts. »

Et celui qui s'était approché le plus près,
Le lion noir des monts dit : « Cet homme ressemble
Au Caucase, où jamais une roche ne tremble;
Il a la majesté de l'Atlas; j'ai cru voir,
Quand son bras s'est levé, le Liban se mouvoir
Et se dresser, jetant l'ombre immense aux campagnes;
Cet homme vient à nous de la part des montagnes. »

Le lion qui, jadis, au bord des flots rôdant,
Rugissait aussi haut que l'Océan grondant,
Parla le quatrième, et dit : « Fils, j'ai coutume,
En voyant la grandeur, d'oublier l'amertume,
Et c'est pourquoi j'étais le voisin de la mer.
J'y regardais — laissant les vagues écumer —
Apparaître la lune et le soleil éclore,
Et le sombre infini sourire dans l'aurore;
Et j'ai pris, ô lions, dans cette intimité,
L'habitude du gouffre et de l'éternité;
Or, sans savoir le nom dont la terre le nomme,
J'ai vu luire le ciel dans les yeux de cet homme;
Cet homme au front serein vient de la part de Dieu. »

Quand la nuit eut noirci le grand firmament bleu,

Le gardien voulut voir la fosse, et cet esclave,
Collant sa face pâle aux grilles de la cave,
Dans la profondeur vague aperçut Daniel
Qui se tenait debout et regardait le ciel,
Et songeait, attentif aux étoiles sans nombre,
Pendant que les lions léchaient ses pieds dans l'ombre.

V

LE TEMPLE

Moïse pour l'autel cherchait un statuaire ;
Dieu dit : « Il en faut deux ; » et dans le sanctuaire
Conduisit Oliab avec Béliséel.
L'un sculptait l'idéal et l'autre le réel.

VI

BOOZ ENDORMI

*

Booz s'était couché de fatigue accablé;
Il avait tout le jour travaillé dans son aire;
Puis avait fait son lit à sa place ordinaire;
Booz dormait auprès des boisseaux pleins de blé.

Ce vieillard possédait des champs de blés et d'orge;
Il était, quoique riche, à la justice enclin;
Il n'avait pas de fange en l'eau de son moulin;
Il n'avait pas d'enfer dans le feu de sa forge.

Sa barbe était d'argent comme un ruisseau d'avril.
Sa gerbe n'était point avare ni haineuse;
Quand il voyait passer quelque pauvre glaneuse;
« Laissez tomber exprès des épis, » disait-il.

Cet homme marchait pur loin des sentiers obliques,
Vêtu de probité candide et de lin blanc;
Et, toujours du côté des pauvres ruisselant,
Ses sacs de grains semblaient des fontaines publiques.

Booz était bon maître et fidèle parent;
Il était généreux, quoiqu'il fût économe;
Les femmes regardaient Booz plus qu'un jeune homme,
Car le jeune homme est beau, mais le vieillard est grand.

Le vieillard, qui revient vers la source première,
Entre aux jours éternels et sort des jours changeants;
Et l'on voit de la flamme aux yeux des jeunes gens,
Mais dans l'œil du vieillard on voit de la lumière.

*

Donc, Booz dans la nuit dormait parmi les siens.
Près des meules, qu'on eût prises pour des décombres,

Les moissonneurs couchés faisaient des groupes sombres;
Et ceci se passait dans des temps très-anciens.

Les tribus d'Israël avaient pour chef un juge;
La terre, où l'homme errait sous la tente, inquiet
Des empreintes de pieds de géants qu'il voyait,
Était encor mouillée et molle du déluge.

*

Comme dormait Jacob, comme dormait Judith,
Booz, les yeux fermés, gisait sous la feuillée;
Or, la porte du ciel s'étant entre-bâillée
Au-dessus de sa tête, un songe en descendit.

Et ce songe était tel, que Booz vit un chêne
Qui, sorti de son ventre, allait jusqu'au ciel bleu;
Une race y montait comme une longue chaîne;
Un roi chantait en bas, en haut mourait un Dieu.

Et Booz murmurait avec la voix de l'âme :
« Comment se pourrait-il que de moi ceci vînt?
Le chiffre de mes ans a passé quatre-vingt,
Et je n'ai pas de fils, et je n'ai plus de femme.

» Voilà longtemps que celle avec qui j'ai dormi,
O Seigneur ! a quitté ma couche pour la vôtre ;
Et nous sommes encor tout mêlés l'un à l'autre,
Elle à demi vivante et moi mort à demi.

» Une race naîtrait de moi ! Comment le croire?
Comment se pourrait-il que j'eusse des enfants?
Quand on est jeune, on a des matins triomphants;
Le jour sort de la nuit comme d'une victoire;

» Mais, vieux, on tremble ainsi qu'à l'hiver le bouleau;
Je suis veuf, je suis seul, et sur moi le soir tombe,
Et je courbe, ô mon Dieu ! mon âme vers la tombe,
Comme un bœuf ayant soif penche son front vers l'eau.»

Ainsi parlait Booz dans le rêve et l'extase,
Tournant vers Dieu ses yeux par le sommeil noyés ;
Le cèdre ne sent pas une rose à sa base,
Et lui ne sentait pas une femme à ses pieds.

*

Pendant qu'il sommeillait, Ruth, une moabite,
S'était couchée aux pieds de Booz, le sein nu,

Espérant on ne sait quel rayon inconnu,
Quand viendrait du réveil la lumière subite.

Booz ne savait point qu'une femme était là,
Et Ruth ne savait point ce que Dieu voulait d'elle.
Un frais parfum sortait des touffes d'asphodèle;
Les souffles de la nuit flottaient sur Galgala.

L'ombre était nuptiale, auguste et solennelle;
Les anges y volaient sans doute obscurément,
Car on voyait passer dans la nuit, par moment,
Quelque chose de bleu qui paraissait une aile.

La respiration de Booz qui dormait,
Se mêlait au bruit sourd des ruisseaux sur la mousse.
On était dans le mois où la nature est douce,
Les collines ayant des lys sur leur sommet.

Ruth songeait et Booz dormait; l'herbe était noire;
Les grelots des troupeaux palpitaient vaguement;
Une immense bonté tombait du firmament;
C'était l'heure tranquille où les lions vont boire.

Tout reposait dans Ur et dans Jérimadeth ;
Les astres émaillaient le ciel profond et sombre ;
Le croissant fin et clair parmi ces fleurs de l'ombre
Brillait à l'occident, et Ruth se demandait,

Immobile, ouvrant l'œil à moitié sous ses voiles,
Quel dieu, quel moissonneur de l'éternel été,
Avait, en s'en allant, négligemment jeté
Cette faucille d'or dans le champ des étoiles.

VII

DIEU INVISIBLE AU PHILOSOPHE

Le philosophe allait sur son âne ; prophète,
Prunelle devant l'ombre horrible stupéfaite,
Il allait, il pensait.

Devin des nations,
Il vendait aux païens des malédictions,
Sans savoir si des mains dans les ténèbres blêmes
S'ouvraient pour recevoir ses vagues anathèmes.

Il venait de Phétor; il allait chez Balac,
Fils des Gomorrhéens qui dorment sous le lac,
Mage d'Assur et roi du peuple moabite.
Il avait quitté l'ombre où l'épouvante habite,
Et le hideux abri des chênes chevelus
Que l'ouragan secoue en ses larges reflux.
Morne, il laissait marcher au hasard sa monture,
Son esprit cheminant dans une autre aventure;
Il se demandait: « Tout est-il vide? et le fond
N'est-il que de l'abîme où des spectres s'en vont?
L'ombre prodigieuse est-elle une personne?
Le flot qui murmure, est-ce une voix qui raisonne?
Depuis quatre-vingts ans, je vis dans un réduit,
Regardant la sueur des antres de la nuit,
Écoutant les sanglots de l'air dans les nuées.
Le gouffre est-il vivant? Larves exténuées,
Qu'est-ce que nous cherchons? Je sais l'assyrien,
L'arabe, le persan, l'hébreu; je ne sais rien.
De quel profond néant sommes-nous les ministres?... »
Ainsi, pâle, il songeait sous les branches sinistres,
Les cheveux hérissés par les souffles des bois.
L'âne s'arrêta court et lui dit: « Je le vois. »

VIII

PREMIÈRE RENCONTRE DU CHRIST
AVEC LE TOMBEAU

En ce temps-là, Jésus était dans la Judée ;
Il avait délivré la femme possédée,
Rendu l'ouïe aux sourds et guéri les lépreux;
Les prêtres l'épiaient et parlaient bas entre eux.
Comme il s'en retournait vers la ville bénie,
Lazare, homme de bien, mourut à Béthanie.
Marthe et Marie étaient ses sœurs ; Marie, un jour,
Pour laver les pieds nus du maître plein d'amour,

Avait été chercher son parfum le plus rare.
Or, Jésus aimait Marthe et Marie et Lazare.
Quelqu'un lui dit : « Lazare est mort. »

Le lendemain,
Comme le peuple était venu sur son chemin,
Il expliquait la loi, les livres, les symboles,
Et, comme Élie et Job, parlait par paraboles.
Il disait : « Qui me suit, aux anges est pareil.
Quand un homme a marché tout le jour au soleil
Dans un chemin sans puits et sans hôtellerie,
S'il ne croit pas, quand vient le soir, il pleure, il crie,
Il est las : sur la terre il tombe haletant ;
S'il croit en moi, qu'il prie, il peut au même instant
Continuer sa route avec des forces triples. »
Puis il s'interrompit, et dit à ses disciples :
« Lazare, notre ami, dort ; je vais l'éveiller. »
Eux dirent : « Nous irons, maître, où tu veux aller. »
Or, de Jérusalem, où Salomon mit l'arche,
Pour gagner Béthanie, il faut trois jours de marche.
Jésus partit. Durant cette route souvent,
Tandis qu'il marchait seul et pensif en avant,
Son vêtement parut blanc comme la lumière.

Quand Jésus arriva, Marthe vint la première,
Et, tombant à ses pieds, s'écria tout d'abord :
« Si nous t'avions eu, maître, il ne serait pas mort. »

Puis reprit en pleurant : « Mais il a rendu l'âme.
Tu viens trop tard. » Jésus lui dit : « Qu'en sais-tu, femme?
Le moissonneur est seul maître de la moisson. »

Marie était restée assise à la maison.

Marthe lui cria : « Viens, le maître te réclame. »
Elle vint. Jésus dit : « Pourquoi pleures-tu, femme? »
Et Marie à genoux lui dit : « Toi seul es fort.
Si nous t'avions eu, maître, il ne serait pas mort. »
Jésus reprit : « Je suis la lumière et la vie.
Heureux celui qui voit ma trace et l'a suivie!
Qui croit en moi vivra, fût-il mort et gisant. »
Et Thomas, appelé Didyme, était présent.

Et le Seigneur, dont Jean et Pierre suivaient l'ombre,
Dit aux Juifs accourus pour le voir en grand nombre :
« Où donc l'avez-vous mis? » Ils répondirent : « Vois. »
Lui montrant de la main, dans un champ, près d'un bois,
A côté d'un torrent qui dans les pierres coule,
Un sépulcre.

Et Jésus pleura.

Sur quoi, la foule

Se prit à s'écrier : « Voyez comme il l'aimait !
Lui qui chasse, dit-on, Satan, et le soumet,
Eût-il, s'il était Dieu, comme on nous le rapporte,
Laissé mourir quelqu'un qu'il aimait de la sorte? »

Or, Marthe conduisit au sépulcre Jésus.
Il vint. On avait mis une pierre dessus.
« Je crois en vous, dit Marthe, ainsi que Jean et Pierre ;
Mais voilà quatre jours qu'il est sous cette pierre. »

Et Jésus dit : « Tais-toi, femme, car c'est le lieu
Où tu vas, si tu crois, voir la gloire de Dieu. »
Puis il reprit : « Il faut que cette pierre tombe. »
La pierre ôtée, on vit le dedans de la tombe.

Jésus leva les yeux au ciel et marcha seul
Vers cette ombre où le mort gisait dans son linceul,
Pareil au sac d'argent qu'enfouit un avare.
Et, se penchant, il dit à haute voix : « Lazare ! »

Alors le mort sortit du sépulcre; ses pieds
Des bandes du linceul étaient encor liés ;
Il se dressa debout le long de la muraille ;
Jésus dit : « Déliez cet homme, et qu'il s'en aille. »

Ceux qui virent cela crurent en Jésus-Christ.

Or, les prêtres, selon qu'au livre il est écrit,
S'assemblèrent, troublés, chez le préteur de Rome;
Sachant que Christ avait ressuscité cet homme,
Et que tous avaient vu le sépulcre s'ouvrir,
Ils dirent : « Il est temps de le faire mourir. »

II

DÉCADENCE DE ROME

AU LION D'ANDROCLÈS

La ville ressemblait à l'univers. C'était
Cette heure où l'on dirait que toute âme se tait,
Que tout astre s'éclipse et que le monde change.
Rome avait étendu sa pourpre sur la fange.
Où l'aigle avait plané, rampait le scorpion.
Trimalcion foulait les os de Scipion.
Rome buvait, gaie, ivre et la face rougie ;
Et l'odeur du tombeau sortait de cette orgie.

L'amour et le bonheur, tout était effrayant.
Lesbie, en se faisant coiffer, heureuse, ayant
Son Tibulle à ses pieds qui chantait leurs tendresses,
Si l'esclave persane arrangeait mal ses tresses,
Lui piquait les seins nus de son épingle d'or.
Le mal à travers l'homme avait pris son essor;
Toutes les passions sortaient de leurs orbites.
Les fils aux vieux parents faisaient des morts subites.
Les rhéteurs disputaient les tyrans aux bouffons.
La boue et l'or régnaient. Dans les cachots profonds,
Les bourreaux s'accouplaient à des martyres mortes.
Rome horrible chantait. Parfois, devant ses portes,
Quelque Crassus, vainqueur d'esclaves et de rois,
Plantait le grand chemin de vaincus mis en croix,
Et, quand Catulle, amant que notre extase écoute,
Errait avec Délie, aux deux bords de la route,
Six mille arbres humains saignaient sur leurs amours.
La gloire avait hanté Rome dans les grands jours;
Toute honte à présent était la bienvenue.
Messaline en riant se mettait toute nue,
Et sur le lit public, lascive, se couchait.
Épaphrodite avait un homme pour hochet
Et brisait en jouant les membres d'Épictète.
Femme grosse, vieillard débile, enfant qui tette,
Captifs, gladiateurs, chrétiens, étaient jetés
Aux bêtes, et, tremblants, blêmes, ensanglantés,
Fuyaient, et l'agonie effarée et vivante
Se tordait dans le cirque, abîme d'épouvante.

Pendant que l'ours grondait, et que les éléphants,
Effroyables, marchaient sur les petits enfants,
La vestale songeait dans sa chaise de marbre.
Par moments, le trépas, comme le fruit d'un arbre,
Tombait du front pensif de la pâle beauté;
Le même éclair de meurtre et de férocité
Passait de l'œil du tigre au regard de la vierge.
Le monde était le bois, l'empire était l'auberge.
De noirs passants trouvaient le trône en leur chemin,
Entraient, donnaient un coup de dent au genre humain,
Puis s'en allaient. Néron venait après Tibère.
César foulait aux pieds le Hun, le Goth, l'Ibère;
Et l'empereur, pareil aux fleurs qui durent peu,
Le soir était charogne à moins qu'il ne fût dieu.
Le porc Vitellius roulait aux gémonies.
Escalier des grandeurs et des ignominies,
Bagne effrayant des morts, pilori des néants,
Saignant, fumant, infect, ce charnier de géants
Semblait fait pour pourrir le squelette du monde.
Des torturés râlaient sur cette rampe immonde,
Juifs sans langue, poltrons sans poings, larrons sans yeux;
Ainsi que dans le cirque atroce et furieux
L'agonie était là, hurlant sur chaque marche.
Le noir gouffre cloaque au fond ouvrait son arche
Où croulait Rome entière; et, dans l'immense égout,
Quand le ciel juste avait foudroyé coup sur coup,
Parfois deux empereurs, chiffres du fatal nombre,
Se rencontraient, vivants encore, et, dans cette ombre,

Où les chiens sur leurs os venaient mâcher leur chair,
Le César d'aujourd'hui heurtait celui d'hier.
Le crime sombre était l'amant du vice infâme.
Au lieu de cette race en qui Dieu mit sa flamme,
Au lieu d'Ève et d'Adam, si beaux, si purs tous deux,
Une hydre se traînait dans l'univers hideux;
L'homme était une tête et la femme était l'autre.
Rome était la truie énorme qui se vautre.
La créature humaine, importune au ciel bleu,
Faisait une ombre affreuse à la cloison de Dieu;
Elle n'avait plus rien de sa forme première;
Son œil semblait vouloir foudroyer la lumière,
Et l'on voyait, c'était la veille d'Attila,
Tout ce qu'on avait eu de sacré jusque-là
Palpiter sous son ongle; et pendre à ses mâchoires
D'un côté les vertus et de l'autre les gloires.
Les hommes rugissaient quand ils croyaient parler.
L'âme du genre humain songeait à s'en aller;
Mais, avant de quitter à jamais notre monde,
Tremblante, elle hésitait sous la voûte profonde,
Et cherchait une bête où se réfugier.
On entendait la tombe appeler et crier.
Au fond, la pâle Mort riait sinistre et chauve.
Ce fut alors que toi, né dans le désert fauve,
Où le soleil est seul avec Dieu, toi, songeur
De l'antre que le soir emplit de sa rougeur,
Tu vins dans la cité toute pleine de crimes;
Tu frissonnas devant tant d'ombre et tant d'abîmes;

Ton œil fit, sur ce monde horrible et châtié,
Flamboyer tout à coup l'amour et la pitié,
Pensif, tu secouas ta crinière sur Rome,
Et, l'homme étant le monstre, ô lion, tu fus l'homme.

III

L'ISLAM

I

L'AN NEUF DE L'HÉGIRE

Comme s'il pressentait que son heure était proche,
Grave, il ne faisait plus à personne un reproche ;
Il marchait en rendant aux passants leur salut ;
On le voyait vieillir chaque jour, quoiqu'il eût
A peine vingt poils blancs à sa barbe encor noire ;
Il s'arrêtait parfois pour voir les chameaux boire,
Se souvenant du temps qu'il était chamelier.

Il songeait longuement devant le saint pilier ;

Par moments, il faisait mettre une femme nue
Et la regardait, puis il contemplait la nue,
Et disait : « La beauté sur terre, au ciel le jour. »

Il semblait avoir vu l'Éden, l'âge d'amour,
Les temps antérieurs, l'ère immémoriale.
Il avait le front haut, la joue impériale,
Le sourcil chauve, l'œil profond et diligent,
Le cou pareil au col d'une amphore d'argent,
L'air d'un Noé qui sait le secret du déluge.
Si des hommes venaient le consulter, ce juge
Laissait l'un affirmer, l'autre rire et nier,
Écoutait en silence et parlait le dernier.
Sa bouche était toujours en train d'une prière ;
Il mangeait peu, serrant sur son ventre une pierre ;
Il s'occupait lui-même à traire ses brebis ;
Il s'asseyait à terre et cousait ses habits.

Il jeûnait plus longtemps qu'autrui les jours de jeûne,
Quoi qu'il perdît sa force et qu'il ne fût plus jeune.

A soixante-trois ans, une fièvre le prit.
Il relut le Koran de sa main même écrit,
Puis il remit au fils de Séid la bannière,
En lui disant : « Je touche à mon aube dernière,

Il n'est pas d'autre Dieu que Dieu. Combats pour lui. »
Et son œil, voilé d'ombre, avait ce morne ennui
D'un vieux aigle forcé d'abandonner son aire.
Il vint à la mosquée à son heure ordinaire,
Appuyé sur Ali, le peuple le suivant ;
Et l'étendard sacré se déployait au vent.
Là, pâle, il s'écria, se tournant vers la foule :
« Peuple, le jour s'éteint, l'homme passe et s'écoule ;
La poussière et la nuit, c'est nous. Dieu seul est grand.
Peuple, je suis l'aveugle et je suis l'ignorant.
Sans Dieu je serais vil plus que la bête immonde. »
Un scheik lui dit : « O chef des vrais croyants! le monde,
Sitôt qu'il t'entendit, en ta parole crut ;
Le jour où tu naquis une étoile apparut,
Et trois tours du palais de Chosroès tombèrent. »
Lui, reprit : « Sur ma mort les anges délibèrent ;
L'heure arrive. Écoutez. Si j'ai de l'un de vous
Mal parlé, qu'il se lève, ô peuple, et devant tous
Qu'il m'insulte et m'outrage avant que je m'échappe ;
Si j'ai frappé quelqu'un, que celui-là me frappe. »
Et, tranquille, il tendit aux passants son bâton.
Une vieille, tondant la laine d'un mouton,
Assise sur un seuil, lui cria : « Dieu t'assiste! »

Il semblait regarder quelque vision triste,
Et songeait ; tout à coup, pensif, il dit : « Voilà,
Vous tous : je suis un mot dans la bouche d'Allah ;

Je suis cendre comme homme et feu comme prophète.
J'ai complété d'Issa la lumière imparfaite.
Je suis la force, enfants; Jésus fut la douceur.
Le soleil a toujours l'aube pour précurseur.
Jésus m'a précédé, mais il n'est pas la Cause.
Il est né d'une vierge aspirant une rose.
Moi, comme être vivant, retenez bien ceci,
Je ne suis qu'un limon par les vices noirci;
J'ai de tous les péchés subi l'approche étrange;
Ma chair a plus d'affront qu'un chemin n'a de fange,
Et mon corps par le mal est tout déshonoré;
O vous tous, je serai bien vite dévoré
Si dans l'obscurité du cercueil solitaire
Chaque faute de l'homme engendre un ver de terre.
Fils, le damné renaît au fond du froid caveau,
Pour être par les vers dévoré de nouveau;
Toujours sa chair revit, jusqu'à ce que la peine,
Finie, ouvre à son vol l'immensité sereine.
Fils, je suis le champ vil des sublimes combats,
Tantôt l'homme d'en haut, tantôt l'homme d'en bas,
Et le mal dans ma bouche avec le bien alterne
Comme dans le désert le sable et la citerne;
Ce qui n'empêche pas que je n'aie, ô croyants!
Tenu tête dans l'ombre aux anges effrayants
Qui voudraient replonger l'homme dans les ténèbres;
J'ai parfois dans mes poings tordu leurs bras funèbres;
Souvent, comme Jacob, j'ai la nuit, pas à pas,
Lutté contre quelqu'un que je ne voyais pas;

Mais les hommes surtout ont fait saigner ma vie;
Ils ont jeté sur moi leur haine et leur envie,
Et, comme je sentais en moi la vérité,
Je les ai combattus, mais sans être irrité;
Et, pendant le combat, je criais : « Laissez faire!
» Je suis seul, nu, sanglant, blessé; je le préfère.
» Qu'ils frappent sur moi tous! que tout leur soit permis!
» Quand même, se ruant sur moi, mes ennemis
» Auraient, pour m'attaquer dans cette voie étroite,
» Le soleil à leur gauche et la lune à leur droite,
» Ils ne me feraient point reculer! » C'est ainsi
Qu'après avoir lutté quarante ans, me voici
Arrivé sur le bord de la tombe profonde,
Et j'ai devant moi Dieu, derrière moi le monde.
Quant à vous qui m'avez dans l'épreuve suivi,
Comme les grecs Hermès et les hébreux Lévi,
Vous avez bien souffert, mais vous verrez l'aurore.
Après la froide nuit, vous verrez l'aube éclore;
Peuple, n'en doutez pas; celui qui prodigua
Les lions aux ravins du Jebel-Kronnega,
Les perles à la mer et les astres à l'ombre,
Peut bien donner un peu de joie à l'homme sombre.»

Il ajouta : « Croyez, veillez; courbez le front.
Ceux qui ne sont ni bons ni mauvais resteront
Sur le mur qui sépare Éden d'avec l'abîme,
Étant trop noirs pour Dieu, mais trop blancs pour le crime;

Presque personne n'est assez pur de péchés
Pour ne pas mériter un châtiment ; tâchez,
En priant, que vos corps touchent partout la terre ;
L'enfer ne brûlera dans son fatal mystère
Que ce qui n'aura point touché la cendre, et Dieu
A qui baise la terre obscure, ouvre un ciel bleu ;
Soyez hospitaliers ; soyez saints ; soyez justes ;
Là-haut sont les fruits purs dans les arbres augustes,
Les chevaux sellés d'or, et, pour fuir aux sept cieux,
Les chars vivants ayant des foudres pour essieux ;
Chaque houri, sereine, incorruptible, heureuse,
Habite un pavillon fait d'une perle creuse ;
Le Gehennam attend les réprouvés ; malheur !
Ils auront des souliers de feu dont la chaleur
Fera bouillir leur tête ainsi qu'une chaudière.
La face des élus sera charmante et fière. »

Il s'arrêta, donnant audience à l'esprit.
Puis, poursuivant sa marche à pas lents, il reprit :
« O vivants ! je répète à tous que voici l'heure
Où je vais me cacher dans une autre demeure ;
Donc, hâtez-vous. Il faut, le moment est venu,
Que je sois dénoncé par ceux qui m'ont connu,
Et que, si j'ai des torts, on me crache au visage. »

La foule s'écartait muette à son passage.

Il se lava la barbe au puits d'Aboulféia.
Un homme réclama trois drachmes, qu'il paya,
Disant : « Mieux vaut payer ici que dans la tombe. »
L'œil du peuple était doux comme un œil de colombe
En regardant cet homme auguste, son appui;
Tous pleuraient; quand, plus tard, il fut rentré chez lui,
Beaucoup restèrent là sans fermer la paupière,
Et passèrent la nuit couchés sur une pierre.
Le lendemain matin, voyant l'aube arriver :
« Aboubèkre, dit-il, je ne puis me lever,
Tu vas prendre le livre et faire la prière. »
Et sa femme Aïscha se tenait en arrière;
Il écoutait pendant qu'Aboubèkre lisait,
Et souvent à voix basse achevait le verset;
Et l'on pleurait pendant qu'il priait de la sorte.
Et l'ange de la mort vers le soir à la porte
Apparut, demandant qu'on lui permît d'entrer.
« Qu'il entre. » On vit alors son regard s'éclairer
De la même clarté qu'au jour de sa naissance;
Et l'ange lui dit : « Dieu désire ta présence.
— Bien, » dit-il. Un frisson sur ses tempes courut,
Un souffle ouvrit sa lèvre, et Mahomet mourut.

II

MAHOMET

Le divin Mahomet enfourchait tour à tour
Son mulet Daïdol et son âne Yafour;
Car le sage lui-même a, selon l'occurrence,
Son jour d'entêtement et son jour d'ignorance.

III

LE CÈDRE

Omer, scheik de l'Islam et de la loi nouvelle
Que Mahomet ajoute à ce qu'Issa révèle,
Marchant, puis s'arrêtant, et sur son long bâton,
Par moments, comme un pâtre, appuyant son menton,
Errait près de Djeddah la sainte, sur la grève
De la mer Rouge, où Dieu luit comme au fond d'un rêve,
Dans le désert jadis noir de l'ombre des cieux,
Où Moïse voilé passait mystérieux.

Tout en marchant ainsi, plein d'une grave idée,
Par-dessus le désert, l'Égypte et la Judée,
A Pathmos, au penchant d'un mont, chauve sommet,
Il vit Jean qui, couché sur le sable, dormait.

Car saint Jean n'est pas mort, l'effrayant solitaire;
Dieu le tient en réserve; il reste sur la terre
Ainsi qu'Énoch le Juste, et, comme il est écrit,
Ainsi qu'Élie, afin de vaincre l'Antéchrist.

Jean dormait; ces regards étaient fermés qui virent
Les océans du songe où les astres chavirent;
L'obscur sommeil couvrait cet œil illuminé,
Le seul chez les vivants auquel il fut donné
De regarder, par l'âpre ouverture du gouffre,
Les anges noirs vêtus de cuirasses de soufre,
Et de voir les Babels pencher, et les Sions
Tomber, et s'écrouler les blêmes visions,
Et les religions rire prostituées,
Et des noms de blasphème errer dans les nuées.

Jean dormait, et sa tête était nue au soleil.

Omer, le puissant prêtre, aux prophètes pareil,

Aperçut, tout auprès de la mer Rouge, à l'ombre
D'un santon, un vieux cèdre au grand feuillage sombre
Croissant dans un rocher qui bordait le chemin;
Scheik Omer étendit à l'horizon sa main
Vers le nord habité par les aigles rapaces,
Et, montrant au vieux cèdre, au delà des espaces,
La mer Égée, et Jean endormi dans Pathmos,
Il poussa du doigt l'arbre et prononça ces mots:

« Va, cèdre! va couvrir de ton ombre cet homme. »

Le blanc spectre de sel qui regarde Sodome
N'est pas plus immobile au bord du lac amer
Que ne le fut le cèdre à qui parlait Omer;
Plus rétif que l'onagre à la voix de son maître,
L'arbre n'agita pas une branche.

Le prêtre
Dit: « Va donc! » et frappa l'arbre de son bâton.

Le cèdre, enraciné sous le mur du santon,
N'eut pas même un frisson et demeura paisible.

Le scheik alors tourna ses yeux vers l'invisible,

Fit trois pas, puis, ouvrant sa droite et la levant :
« Va ! cria-t-il, va, cèdre, au nom du Dieu vivant !

— Que n'as-tu prononcé ce nom plus tôt ? » dit l'arbre.
Et, frissonnant, brisant le dur rocher de marbre,
Dressant ses bras ainsi qu'un vaisseau ses agrès,
Fendant la vieille terre aïeule des forêts,
Le grand cèdre, arrachant aux profondes crevasses
Son tronc et sa racine et ses ongles vivaces,
S'envola comme un sombre et formidable oiseau.
Il passa le mont Gour posé comme un boisseau
Sur la rouge lueur des forgerons d'Érèbe ;
Laissa derrière lui Gophna, Jéricho, Thèbe,
L'Égypte aux dieux sans nombre, informe panthéon,
Le Nil, fleuve d'Éden, qu'Adam nommait Gehon,
Le champ de Galgala plein de couteaux de pierre,
Ur, d'où vint Abraham, Bethsad, où naquit Pierre,
Et, quittant le désert d'où sortent les fléaux,
Traversa Chanaan d'Arphac à Borcéos ;
Là, retrouvant la mer, vaste, obscure, sublime,
Il plongea dans la nue énorme de l'abîme,
Et, franchissant les flots, sombre gouffre ennemi,
Vint s'abattre à Pathmos près de Jean endormi.

Jean, s'étant réveillé, vit l'arbre, et le prophète
Songea, surpris d'avoir de l'ombre sur sa tête ;

Puis il dit, redoutable en sa sérénité :
« Arbre, que fais-tu là? pourquoi t'es-tu hâté
De sourdre, de germer, de grandir dans une heure?
Pourquoi donner de l'ombre au roc où je demeure?
L'ordre éternel n'a point de ces rapidités ;
Jéhovah, dont les yeux s'ouvrent de tous côtés,
Veut que l'œuvre soit lente, et que l'arbre se fonde
Sur un pied fort, scellé dans l'argile profonde ;
Pendant qu'un arbre naît, bien des hommes mourront;
La pluie est sa servante, et, par le bois du tronc,
La racine aux rameaux frissonnants distribue
L'eau qui se change en séve aussitôt qu'elle est bue.
Dieu le nourrit de terre, et, l'en rassasiant,
Veut que l'arbre soit dur, solide et patient,
Pour qu'il brave, à travers sa rude carapace,
Les coups de fouet du vent tumultueux qui passe,
Pour qu'il porte le temps comme l'âne son bât,
Et qu'on puisse compter, quand la hache l'abat,
Les ans de sa durée aux anneaux de sa séve ;
Un cèdre n'est pas fait pour croître comme un rêve;
Ce que l'heure a construit, l'instant peut le briser. »
Le cèdre répondit : « Jean, pourquoi m'accuser?
Jean, si je suis ici, c'est par l'ordre d'un homme. »
Et Jean, fauve songeur qu'en frémissant on nomme,
Reprit : « Quel est cet homme à qui tout se soumet? »
L'arbre dit : « C'est Omer, prêtre de Mahomet.
J'étais près de Djeddah depuis des ans sans nombre;
Il m'a dit de venir te couvrir de mon ombre. »

Alors Jean, oublié par Dieu chez les vivants,
Se tourna vers le sud et cria dans les vents
Par-dessus le rivage austère de son île :
« Nouveaux venus, laissez la nature tranquille. »

IV

LE CYCLE HÉROÏQUE CHRÉTIEN

I

LE PARRICIDE

Un jour, Kanut, à l'heure où l'assoupissement
Ferme partout les yeux sous l'obscur firmament,
Ayant pour seul témoin la nuit, l'aveugle immense,
Vit son père Swéno, vieillard presque en démence,
Qui dormait, sans un garde à ses pieds, sans un chien ;
Il le tua, disant : « Lui-même n'en sait rien. »
Puis il fut un grand roi.

Toujours vainqueur, sa vie
Par la prospérité fidèle fut suivie ;

Il fut plus triomphant que la gerbe des blés;
Quand il passait devant les vieillards assemblés,
Sa présence éclairait ces sévères visages;
Par la chaîne des mœurs pures et des lois sages
A son cher Danemark natal il enchaîna
Vingt îles, Fionie, Arnhout, Folster, Mona;
Il bâtit un grand trône en pierres féodales;
Il vainquit les Saxons, les Pictes, les Vandales,
Le Celte, et le Borusse, et le Slave aux abois,
Et les peuples hagards qui hurlent dans les bois;
Il abolit l'horreur idolâtre, et la rune,
Et le menhir féroce où le soir, à la brune,
Le chat sauvage vient frotter son dos hideux;
Il disait en parlant du grand César: « Nous deux; »
Une lueur sortait de son cimier polaire;
Les monstres expiraient partout sous sa colère;
Il fut, pendant vingt ans qu'on l'entendit marcher,
Le cavalier superbe et le puissant archer;
L'hydre morte, il mettait le pied sur la portée;
Sa vie, en même temps bénie et redoutée,
Dans la bouche du peuple était un fier récit;
Rien que dans un hiver, ce chasseur détruisit
Trois dragons en Écosse, et deux rois en Scanie;
Il fut héros, il fut géant, il fut génie;
Le sort de tout un monde au sien semblait lié;
Quant à son parricide, il l'avait oublié.
Il mourut. On le mit dans un cercueil de pierre;
Et l'évêque d'Aarhus vint dire une prière,

Et chanter sur sa tombe un hymne, déclarant
Que Kanut était saint, que Kanut était grand,
Qu'un céleste parfum sortait de sa mémoire,
Et qu'ils le voyaient, eux, les prêtres, dans la gloire,
Assis comme un prophète à la droite de Dieu.

Le soir vint; l'orgue en deuil se tut dans le saint lieu;
Et les prêtres, quittant la haute cathédrale,
Laissèrent le roi mort dans la paix sépulcrale.
Alors il se leva, rouvrit ses yeux obscurs,
Prit son glaive, et sortit de la tombe, les murs
Et les portes étant brumes pour les fantômes;
Il traversa la mer qui reflète les dômes
Et les tours d'Altona, d'Aarhus et d'Elseneur;
L'ombre écoutait les pas de ce sombre seigneur;
Mais il marchait sans bruit étant lui-même un songe;
Il alla droit au mont Savo que le temps ronge,
Et Kanut s'approcha de ce farouche aïeul,
Et lui dit : « Laisse-moi, pour m'en faire un linceul,
O montagne Savo que la tourmente assiége,
Me couper un morceau de ton manteau de neige. »
Le mont le reconnut et n'osa refuser.
Kanut prit son épée impossible à briser,
Et sur le mont, tremblant devant ce belluaire,
Il coupa de la neige et s'en fit un suaire;
Puis il cria : « Vieux mont, la mort éclaire peu;
De quel côté faut-il aller pour trouver Dieu? »

Le mont au flanc difforme, aux gorges obstruées,
Noir, triste dans le vol éternel des nuées,
Lui dit : « Je ne sais pas, spectre ; je suis ici. »
Kanut quitta le mont par les glaces saisi ;
Et, le front haut, tout blanc dans son linceul de neige,
Il entra, par delà l'Islande et la Norvége,
Seul dans le grand silence et dans la grande nuit ;
Derrière lui le monde obscur s'évanouit ;
Il se trouva, lui, spectre, âme, roi sans royaume,
Nu, face à face avec l'immensité fantôme ;
Il vit l'infini, porche horrible et reculant
Où l'éclair, quand il entre, expire triste et lent,
L'ombre, hydre dont les nuits sont les pâles vertèbres,
L'informe se mouvant dans le noir ; les Ténèbres ;
Là, pas d'astre ; et pourtant on ne sait quel regard
Tombe de ce chaos immobile et hagard ;
Pour tout bruit, le frisson lugubre que fait l'onde
De l'obscurité, sourde, effarée et profonde ;
Il avança disant : « C'est la tombe ; au delà
C'est Dieu. » Quand il eut fait trois pas, il appela ;
Mais la nuit est muette ainsi que l'ossuaire,
Et rien ne répondit : sous son blême suaire
Kanut continua d'avancer ; la blancheur
Du linceul rassurait le sépulcral marcheur ;
Il allait ; tout à coup, sur son livide voile
Il vit poindre et grandir comme une noire étoile ;
L'étoile s'élargit lentement, et Kanut,
La tâtant de sa main de spectre, reconnut

Qu'une goutte de sang était sur lui tombée :
Sa tête, que la peur n'avait jamais courbée,
Se redressa ; terrible, il regarda la nuit,
Et ne vit rien ; l'espace était noir ; pas un bruit ;
« En avant ! » dit Kanut levant sa tête fière ;
Une seconde tache auprès de la première
Tomba, puis s'élargit ; et le chef cimbrien
Regarda l'ombre épaisse et vague, et ne vit rien ;
Comme un limier à suivre une piste s'attache,
Morne, il reprit sa route ; une troisième tache
Tomba sur le linceul. Il n'avait jamais fui ;
Kanut pourtant cessa de marcher devant lui,
Et tourna du côté du bras qui tient le glaive ;
Une goutte de sang, comme à travers un rêve,
Tomba sur le suaire et lui rougit la main ;
Pour la seconde fois il changea de chemin,
Comme en lisant on tourne un feuillet d'un registre,
Et se mit à marcher vers la gauche sinistre ;
Une goutte de sang tomba sur le linceul ;
Et Kanut recula, frémissant d'être seul,
Et voulut regagner sa couche mortuaire ;
Une goutte de sang tomba sur le suaire ;
Alors il s'arrêta livide, et ce guerrier,
Blême, baissa la tête et tâcha de prier ;
Une goutte de sang tomba sur lui. Farouche,
La prière effrayée expirant dans sa bouche,
Il se remit en marche ; et, lugubre, hésitant,
Hideux, ce spectre blanc passait ; et, par instant,

Une goutte de sang se détachait de l'ombre,
Implacable, et tombait sur cette blancheur sombre.
Il voyait, plus tremblant qu'au vent le peuplier,
Ces taches s'élargir et se multiplier ;
Une autre, une autre, une autre, une autre, ô cieux funèbres !
Leur passage rayait vaguement les ténèbres ;
Ces gouttes, dans les plis du linceul, finissant
Par se mêler, faisaient des nuages de sang ;
Il marchait, il marchait ; de l'insondable voûte
Le sang continuait à pleuvoir goutte à goutte,
Toujours, sans fin, sans bruit, et comme s'il tombait
De ces pieds noirs qu'on voit la nuit pendre au gibet ;
Hélas ! qui donc pleurait ces larmes formidables ?
L'infini. Vers les cieux, pour le juste abordables,
Dans l'océan de nuit sans flux et sans reflux,
Kanut s'avançait, pâle et ne regardant plus ;
Enfin, marchant toujours comme en une fumée,
Il arriva devant une porte fermée
Sous laquelle passait un jour mystérieux ;
Alors sur son linceul il abaissa les yeux ;
C'était l'endroit sacré, c'était l'endroit terrible ;
On ne sait quel rayon de Dieu semble visible ;
De derrière la porte on entend l'hosanna.

Le linceul était rouge et Kanut frissonna.

Et c'est pourquoi Kanut, fuyant devant l'aurore
Et reculant, n'a pas osé paraître encore

Devant le juge au front duquel le soleil luit ;
C'est pourquoi ce roi sombre est resté dans la nuit,
Et, sans pouvoir rentrer dans sa blancheur première,
Sentant, à chaque pas qu'il fait vers la lumière,
Une goutte de sang sur sa tête pleuvoir,
Rôde éternellement sous l'énorme ciel noir.

II

LE MARIAGE DE ROLAND

Ils se battent — combat terrible ! — corps à corps.
Voilà déjà longtemps que leurs chevaux sont morts ;
Ils sont là seuls tous deux dans une île du Rhône.
Le fleuve à grand bruit roule un flot rapide et jaune,
Le vent trempe en sifflant les brins d'herbe dans l'eau.
L'archange saint Michel attaquant Apollo
Ne ferait pas un choc plus étrange et plus sombre ;
Déjà, bien avant l'aube, ils combattaient dans l'ombre.

Qui, cette nuit, eût vu s'habiller ces barons,
Avant que la visière eût dérobé leurs fronts,
Eût vu deux pages blonds, roses comme des filles.
Hier, c'étaient deux enfants riant à leurs familles,
Beaux, charmants; — aujourd'hui, sur ce fatal terrain,
C'est le duel effrayant de deux spectres d'airain,
Deux fantômes auxquels le démon prête une âme,
Deux masques dont les trous laissent voir de la flamme.
Ils luttent, noirs, muets, furieux, acharnés.
Les bateliers pensifs qui les ont amenés,
Ont raison d'avoir peur et de fuir dans la plaine,
Et d'oser, de bien loin, les épier à peine,
Car de ces deux enfants, qu'on regarde en tremblant,
L'un s'appelle Olivier et l'autre a nom Roland.

Et, depuis qu'ils sont là, sombres, ardents, farouches,
Un mot n'est pas encor sorti de ces deux bouches.

Olivier, sieur de Vienne et comte souverain,
A pour père Gérard et pour aïeul Garin.
Il fut pour ce combat habillé par son père.
Sur sa targe est sculpté Bacchus faisant la guerre
Aux Normands, Rollon ivre et Rouen consterné,
Et le dieu souriant par des tigres traîné
Chassant, buveur de vin, tous ces buveurs de cidre.
Son casque est enfoui sous les ailes d'une hydre;

Il porte le haubert que portait Salomon;
Son estoc resplendit comme l'œil d'un démon;
Il y grava son nom afin qu'on s'en souvienne;
Au moment du départ, l'archevêque de Vienne
A béni son cimier de prince féodal.

Roland a son habit de fer, et Durandal.

Ils luttent de si près avec de sourds murmures,
Que leur souffle âpre et chaud s'empreint sur leurs armures;
Le pied presse le pied; l'île à leurs noirs assauts
Tressaille au loin; l'acier mord le fer; des morceaux
De heaume et de haubert, sans que pas un s'émeuve,
Sautent à chaque instant dans l'herbe et dans le fleuve.
Leurs brassards sont rayés de long filets de sang
Qui coule de leur crâne et dans leurs yeux descend.
Soudain, sire Olivier, qu'un coup affreux démasque,
Voit tomber à la fois son épée et son casque.
Main vide et tête nue, et Roland l'œil en feu!
L'enfant songe à son père et se tourne vers Dieu.
Durandal sur son front brille. Plus d'espérance!
« Çà, dit Roland, je suis neveu du roi de France,
Je dois me comporter en franc neveu de roi.
Quand j'ai mon ennemi désarmé devant moi,
Je m'arrête. Va donc chercher une autre épée,
Et tâche, cette fois, qu'elle soit bien trempée.

Tu feras apporter à boire en même temps,
Car j'ai soif.

— Fils, merci, dit Olivier.

— J'attends,
Dit Roland, hâte-toi. »

Sire Olivier appelle
Un batelier caché derrière une chapelle.

« Cours à la ville, et dis à mon père qu'il faut
Une autre épée à l'un de nous, et qu'il fait chaud. »

Cependant les héros, assis dans les broussailles,
S'aident à délacer leurs capuchons de mailles,
Se lavent le visage et causent un moment.
Le batelier revient; il a fait promptement;
L'homme a vu le vieux comte; il rapporte une épée
Et du vin, de ce vin qu'aimait le grand Pompée
Et que Tournon récolte au flanc de son vieux mont.
L'épée est cette illustre et fière Closamont
Que d'autres quelquefois appellent Haute-Claire.
L'homme a fui. Les héros achèvent sans colère
Ce qu'ils disaient; le ciel rayonne au-dessus d'eux;
Olivier verse à boire à Roland; puis tous deux
Marchent droit l'un vers l'autre, et le duel recommence.
Voilà que par degrés de sa sombre démence

Le combat les enivre; il leur revient au cœur
Ce je ne sais quel dieu qui veut qu'on soit vainqueur,
Et qui, s'exaspérant aux armures frappées,
Mêle l'éclair des yeux aux lueurs des épées.

Ils combattent, versant à flots leur sang vermeil.
Le jour entier se passe ainsi. Mais le soleil
Baisse vers l'horizon. La nuit vient.

« Camarade,
Dit Roland, je ne sais, mais je me sens malade.
Je ne me soutiens plus, et je voudrais un peu
De repos.

— Je prétends, avec l'aide de Dieu,
Dit le bel Olivier, le sourire à la lèvre,
Vous vaincre par l'épée et non point par la fièvre.
Dormez sur l'herbe verte, et cette nuit, Roland,
Je vous éventerai de mon panache blanc.
Couchez-vous, et dormez.

— Vassal, ton âme est neuve,
Dit Roland. Je riais, je faisais une épreuve.
Sans m'arrêter et sans me reposer, je puis
Combattre quatre jours encore, et quatre nuits. »

Le duel reprend. La mort plane, le sang ruisselle.
Durandal heurte et suit Closamont; l'étincelle

Jaillit de toutes parts sous leurs coups répétés.
L'ombre autour d'eux s'emplit de sinistres clartés.
Ils frappent; le brouillard du fleuve monte et fume;
Le voyageur s'effraye et croit voir dans la brume
D'étranges bûcherons qui travaillent la nuit.

Le jour naît, le combat continue à grand bruit;
La pâle nuit revient, ils combattent; l'aurore
Reparaît dans les cieux, ils combattent encore.

Nul repos. Seulement, vers le troisième soir,
Sous un arbre, en causant, ils sont allés s'asseoir;
Puis ont recommencé.

Le vieux Gérard dans Vienne
Attend depuis trois jours que son enfant revienne.
Il envoie un devin regarder sur les tours;
Le devin dit: « Seigneur, ils combattent toujours. »

Quatre jours sont passés, et l'île et le rivage
Tremblent sous ce fracas monstrueux et sauvage.
Ils vont, viennent, jamais fuyant, jamais lassés,
Froissent le glaive au glaive et sautent les fossés,
Et passent, au milieu des ronces remuées,
Comme deux tourbilons et comme deux nuées.

O chocs affreux ! terreur ! tumulte étincelant !
Mais, enfin, Olivier saisit au corps Roland
Qui de son propre sang en combattant s'abreuve,
Et jette d'un revers Durandal dans le fleuve.

« C'est mon tour maintenant, et je vais envoyer
Chercher un autre estoc pour vous, dit Olivier.
Le sabre du géant Sinnagog est à Vienne.
C'est, après Durandal, le seul qui vous convienne.
Mon père le lui prit alors qu'il le défit.
Acceptez-le. »

Roland sourit. « Il me suffit
De ce bâton. » Il dit, et déracine un chêne.

Sire Olivier arrache un orme dans la plaine
Et jette son épée, et Roland, plein d'ennui,
L'attaque. Il n'aimait pas qu'on vînt faire après lui
Les générosités qu'il avait déjà faites.

Plus d'épée en leurs mains, plus de casque à leurs têtes,
Ils luttent maintenant, sourds, effarés, béants,
A grands coups de troncs d'arbre, ainsi que des géants.

Pour la cinquième fois, voici que la nuit tombe.

Tout à coup, Olivier, aigle aux yeux de colombe,
S'arrête, et dit :

« Roland, nous n'en finirons point.
Tant qu'il nous restera quelque tronçon au poing,
Nous lutterons ainsi que lions et panthères.
Ne vaudrait-il pas mieux que nous devinssions frères?
Écoute, j'ai ma sœur, la belle Aude au bras blanc,
Épouse-la.

— Pardieu! je veux bien, dit Roland.
Et maintenant buvons, car l'affaire était chaude. »

C'est ainsi que Roland épousa la belle Aude.

III

AYMERILLOT

Charlemagne, empereur à la barbe fleurie,
Revient d'Espagne; il a le cœur triste, il s'écrie :
« Roncevaux! Roncevaux! ô traître Ganelon! »
Car son neveu Roland est mort dans ce vallon
Avec les douze pairs et toute son armée.
Le laboureur des monts qui vit sous la ramée
Est rentré chez lui, grave et calme, avec son chien;
Il a baisé sa femme au front, et dit : « C'est bien. »

Il a lavé sa trompe et son arc aux fontaines;
Et les os des héros blanchissent dans les plaines.

Le bon roi Charle est plein de douleur et d'ennui;
Son cheval syrien est triste comme lui.
Il pleure; l'empereur pleure de la souffrance
D'avoir perdu ses preux, ses douze pairs de France,
Ses meilleurs chevaliers qui n'étaient jamais las,
Et son neveu Roland, et la bataille, hélas!
Et surtout de songer, lui, vainqueur des Espagnes,
Qu'on fera des chansons dans toutes ces montagnes
Sur ses guerriers tombés devant des paysans,
Et qu'en en parlera plus de quatre cents ans!

Cependant, il chemine; au bout de trois journées
Il arrive au sommet des hautes Pyrénées.
Là, dans l'espace immense il regarde en rêvant;
Et sur une montagne, au loin, et bien avant
Dans les terres, il voit une ville très-forte,
Ceinte de murs avec deux tours à chaque porte.
Elle offre à qui la voit ainsi dans le lointain
Trente maîtresses tours avec des toits d'étain
Et des mâchicoulis de forme sarrasine
Encor tout ruisselants de poix et de résine.
Au centre est un donjon si beau, qu'en vérité,
On ne le peindrait pas dans tout un jour d'été.
Ses créneaux sont scellés de plomb; chaque embrasure
Cache un archer dont l'œil toujours guette et mesure;

Ses gargouilles font peur; à son faîte vermeil
Rayonne un diamant gros comme le soleil,
Qu'on ne peut regarder fixement de trois lieues.

Sur la gauche est la mer aux grandes ondes bleues
Qui, jusqu'à cette ville, apporte ses dromons,

Charle, en voyant ces tours, tressaille sur les monts,

« Mon sage conseiller, Naymes, duc de Bavière,
Quelle est cette cité près de cette rivière?
Qui la tient la peut dire unique sous les cieux.
Or, je suis triste, et c'est le cas d'être joyeux.
Oui, dussé-je rester quatorze ans dans ces plaines,
O gens de guerre, archers, compagnons, capitaines,
Mes enfants! mes lions! saint Denis m'est témoin
Que j'aurai cette ville avant d'aller plus loin! »

Le vieux Naymes frissonne à ce qu'il vient d'entendre.

« Alors, achetez-la, car nul ne peut la prendre.
Elle a pour se défendre, outre ses béarnais,
Vingt mille turcs ayant chacun double harnais.
Quant à nous, autrefois, c'est vrai, nous triomphâmes;
Mais, aujourd'hui, vos preux ne valent pas des femmes,
Ils sont tous harassés et du gîte envieux,
Et je suis le moins las, moi qui suis le plus vieux.

Sire, je parle franc et je ne farde guère.
D'ailleurs, nous n'avons point de machines de guerre;
Les chevaux sont rendus, les gens rassasiés;
Je trouve qu'il est temps que vous vous reposiez,
Et je dis qu'il faut être aussi fou que vous l'êtes
Pour attaquer ces tours avec des arbalètes. »

L'empereur répondit au duc avec bonté :
« Duc, tu ne m'as pas dit le nom de la cité?

— On peut bien oublier quelque chose à mon âge.
Mais, sire, ayez pitié de votre baronnage;
Nous voulons nos foyers, nos logis, nos amours.
C'est ne jouir jamais que conquérir toujours.
Nous venons d'attaquer bien des provinces, sire,
Et nous en avons pris de quoi doubler l'empire.
Ces assiégés riraient de vous du haut des tours.
Ils ont, pour recevoir sûrement des secours
Si quelque insensé vient heurter leurs citadelles,
Trois souterrains creusés par les turcs infidèles,
Et qui vont, le premier, dans le val de Bastan,
Le second, à Bordeaux, le dernier, chez Satan. »

L'empereur, souriant, reprit d'un air tranquille :
« Duc, tu ne m'as pas dit le nom de cette ville?

— C'est Narbonne.

— Narbonne est belle, dit le roi,
Et je l'aurai ; je n'ai jamais vu, sur ma foi,
Ces belles filles-là sans leur rire au passage,
Et me piquer un peu les doigts à leur corsage. »

Alors, voyant passer un comte de haut lieu,
Et qu'on appelait Dreus de Montdidier : « Pardieu !
Comte, ce bon duc Nayme expire de vieillesse !
Mais vous, ami, prenez Narbonne, et je vous laisse
Tout le pays d'ici jusques à Montpellier ;
Car vous êtes le fils d'un gentil chevalier ;
Votre oncle, que j'estime, était abbé de Chelles ;
Vous même êtes vaillant ; donc, beau sire, aux échelles !
L'assaut !

— Sire empereur, répondit Montdidier,
Je ne suis désormais bon qu'à congédier ;
J'ai trop porté haubert, maillot, casque et salade ;
J'ai besoin de mon lit, car je suis fort malade ;
J'ai la fièvre ; un ulcère aux jambes m'est venu ;
Et voilà plus d'un an que je n'ai couché nu.
Gardez tout ce pays, car je n'en ai que faire. »

L'empereur ne montra ni trouble ni colère.

Il chercha du regard Hugo de Cotentin.
Ce seigneur était brave et comte palatin.

« Hugues, dit-il, je suis aise de vous apprendre
Que Narbonne est à vous ; vous n'avez qu'à la prendre. »

Hugo de Cotentin salua l'empereur.

« Sire, c'est un manant heureux qu'un laboureur !
Le drôle gratte un peu la terre brune ou rouge,
Et, quand sa tâche est faite, il rentre dans son bouge.
Moi, j'ai vaincu Tryphon, Thessalus, Gaïffer ;
Par le chaud, par le froid, je suis vêtu de fer ;
Au point du jour, j'entends le clairon pour antienne ;
Je n'ai plus à ma selle une boucle qui tienne ;
Voilà longtemps que j'ai pour unique destin
De m'endormir fort tard pour m'éveiller matin,
De recevoir des coups pour vous et pour les vôtres.
Je suis très-fatigué. Donnez Narbonne à d'autres. »

Le roi laissa tomber sa tête sur son sein.
Chacun songeait, poussant du coude son voisin.
Pourtant Charle, appelant Richer de Normandie :
« Vous êtes grand seigneur et de race hardie,

Duc; ne voudrez-vous pas prendre Narbonne un peu?

— Empereur, je suis duc par la grâce de Dieu.
Ces aventures-là vont aux gens de fortune.
Quand on a ma duché, roi Charle, on n'en veut qu'une.»

L'empereur se tourna vers le comte de Gand :

« Tu mis jadis à bas Maugiron le brigand.
Le jour où tu naquis sur la plage marine,
L'audace avec le souffle entra dans ta poitrine :
Bavon, ta mère était de fort bonne maison ;
Jamais on ne t'a fait choir que par trahison ;
Ton âme après la chute était encor meilleure.
Je me rappellerai jusqu'à ma dernière heure
L'air joyeux qui parut dans ton œil hasardeux,
Un jour que nous étions en marche seuls tous deux,
Et que nous entendions dans les plaines voisines
Le cliquetis confus des lances sarrasines.
Le péril fut toujours de toi bien accueilli,
Comte; eh bien, prends Narbonne, et je t'en fais bailli.

— Sire, dit le Gantois, je voudrais être en Flandre.
J'ai faim, mes gens ont faim ; nous venons d'entreprendre

Une guerre à travers un pays endiablé ;
Nous y mangions, au lieu de farine de blé,
Des rats et des souris, et, pour toutes ribotes,
Nous avons dévoré beaucoup de vieilles bottes.
Et puis votre soleil d'Espagne m'a hâlé
Tellement, que je suis tout noir et tout brûlé ;
Et, quand je reviendrai de ce ciel insalubre
Dans ma ville de Gand avec ce front lugubre,
Ma femme, qui déjà peut-être a quelque amant,
Me prendra pour un maure et non pour un flamand !
J'ai hâte d'aller voir là-bas ce qui se passe.
Quand vous me donneriez, pour prendre cette place,
Tout l'or de Salomon et tout l'or de Pépin,
Non ! je m'en vais en Flandre, où l'on mange du pain.

— Ces bons flamands, dit Charle, il faut que cela mange ! »

Il reprit :

« Çà, je suis stupide. Il est étrange
Que je cherche un preneur de ville, ayant ici
Mon vieil oiseau de proie, Eustache de Nancy.
Eustache, à moi ! Tu vois, cette Narbonne est rude ;
Elle a trente châteaux, trois fossés, et l'air prude ;
A chaque porte un camp, et, pardieu ! j'oubliais,
Là-bas, six grosses tours en pierre de liais.

Ces douves-là nous font parfois si grise mine
Qu'il faut recommencer à l'heure où l'on termine,
Et que, la ville prise, on échoue au donjon.
Mais qu'importe! es-tu pas le grand aigle?

— Un pigeon,
Un moineau, dit Eustache, un pinson dans la haie!
Roi, je me sauve au nid. Mes gens veulent leur paye;
Or, je n'ai pas le sou; sur ce, pas un garçon
Qui me fasse crédit d'un coup d'estramaçon;
Leurs yeux me donneront à peine une étincelle
Par sequin qu'ils verront sortir de l'escarcelle.
Tas de gueux! Quant à moi, je suis très-ennuyé;
Mon vieux poing tout sanglant n'est jamais essuyé;
Je suis moulu. Car, sire, on s'échine à la guerre;
On arrive à haïr ce qu'on aimait naguère,
Le danger qu'on voyait tout rose, on le voit noir;
On s'use, on se disloque, on finit par avoir
La goutte aux reins, l'entorse aux pieds, aux mains l'ampoule,
Si bien, qu'étant parti vautour, on revient poule.
Je désire un bonnet de nuit. Foin du cimier!
J'ai tant de gloire, ô roi, que j'aspire au fumier. »

Le bon cheval du roi frappait du pied la terre
Comme s'il comprenait; sur le mont solitaire
Les nuages passaient. Gérard de Roussillon
Était à quelques pas avec son bataillon;

Charlemagne en riant vint à lui.

« Vaillant homme,
Vous êtes dur et fort comme un Romain de Rome;
Vous empoignez le pieu sans regarder aux clous;
Gentilhomme de bien, cette ville est à vous! »

Gérard de Roussillon regarda d'un air sombre
Son vieux gilet de fer rouillé, le petit nombre
De ses soldats marchant tristement devant eux,
Sa bannière trouée et son cheval boiteux.

« Tu rêves, dit le roi, comme un clerc en Sorbonne.
Faut-il donc tant songer pour accepter Narbonne?

— Roi, dit Gérard, merci, j'ai des terres ailleurs. »

Voilà comme parlaient tous ces fiers batailleurs
Pendant que les torrents mugissaient sous les chênes.

L'empereur fit le tour de tous ses capitaines;
Il appela les plus hardis, les plus fougueux,
Eudes, roi de Bourgogne, Albert de Périgueux,

Samo, que la légende aujourd'hui divinise,
Garin, qui, se trouvant un beau jour à Venise,
Emporta sur son dos le lion de Saint-Marc,
Ernaut de Beauléande, Ogier de Danemark,
Roger enfin, grande âme au péril toujours prête.

Ils refusèrent tous.

Alors, levant la tête,
Se dressant tout debout sur ses grands étriers,
Tirant sa large épée aux éclairs meurtriers,
Avec un âpre accent plein de sourdes huées,
Pâle, effrayant, pareil à l'aigle des nuées,
Terrassant du regard son camp épouvanté,
L'invincible empereur s'écria : « Lâcheté !
O comtes palatins tombés dans ces vallées,
O géants qu'on voyait debout dans les mêlées,
Devant qui Satan même aurait crié merci,
Olivier et Roland, que n'êtes-vous ici !
Si vous étiez vivants, vous prendriez Narbonne,
Paladins ! vous, du moins, votre épée était bonne,
Votre cœur était haut, vous ne marchandiez pas !
Vous alliez en avant sans compter tous vos pas !
O compagnons couchés dans la tombe profonde,
Si vous étiez vivants, nous prendrions le monde !
Grand Dieu ! que voulez-vous que je fasse à présent ?
Mes yeux cherchent en vain un brave au cœur puissant,

Et vont, tout effrayés de nos immenses tâches,
De ceux-là qui sont morts à ceux-ci qui sont lâches !
Je ne sais point comment on porte des affronts !
Je les jette à mes pieds, je n'en veux pas ! — Barons,
Vous qui m'avez suivi jusqu'à cette montagne,
Normands, Lorrains, marquis des marches d'Allemagne,
Poitevins, Bourguignons, gens du pays Pisan,
Bretons, Picards, Flamands, Français, allez-vous-en !
Guerriers, allez-vous-en d'auprès de ma personne,
Des camps où l'on entend mon noir clairon qui sonne,
Rentrez dans vos logis, allez-vous-en chez vous,
Allez-vous-en d'ici, car je vous chasse tous !
Je ne veux plus de vous ! retournez chez vos femmes !
Allez vivre cachés, prudents, contents, infâmes !
C'est ainsi qu'on arrive à l'âge d'un aïeul.
Pour moi, j'assiégerai Narbonne à moi tout seul.
Je reste ici, rempli de joie et d'espérance !
Et, quand vous serez tous dans notre douce France,
O vainqueurs des Saxons et des Aragonais !
Quand vous vous chaufferez les pieds à vos chenets,
Tournant le dos aux jours de guerres et d'alarmes,
Si l'on vous dit, songeant à tous vos grands faits d'armes
Qui remplirent longtemps la terre de terreur :
« Mais où donc avez-vous quitté votre empereur? »
Vous répondrez, baissant les yeux vers la muraille :
« Nous nous sommes enfuis le jour d'une bataille,
» Si vite et si tremblants et d'un pas si pressé
» Que nous ne savons plus où nous l'avons laissé ! »

Ainsi Charles de France appelé Charlemagne,
Exarque de Ravenne, empereur d'Allemagne,
Parlait dans la montagne avec sa grande voix;
Et les pâtres lointains, épars au fond des bois,
Croyaient en l'entendant que c'était le tonnerre.

Les barons consternés fixaient leurs yeux à terre.
Soudain, comme chacun demeurait interdit,
Un jeune homme bien fait sortit des rangs, et dit:

« Que monsieur saint Denis garde le roi de France! »

L'empereur fut surpris de ce ton d'assurance.

Il regarda celui qui s'avançait, et vit,
Comme le roi Saül lorsque apparut David,
Une espèce d'enfant au teint rose, aux mains blanches,
Que d'abord les soudards dont l'estoc bat les hanches
Prirent pour une fille habillée en garçon,
Doux, frêle, confiant, serein, sans écusson
Et sans panache, ayant, sous ses habits de serge,
L'air grave d'un gendarme et l'air froid d'une vierge.

« Toi, que veux-tu, dit Charle, et qu'est-ce qui t'émeut?

— Je viens vous demander ce dont pas un ne veut :
L'honneur d'être, ô mon roi, si Dieu ne m'abandonne,
L'homme dont on dira : « C'est lui qui prit Narbonne. »

L'enfant parlait ainsi d'un air de loyauté,
Regardant tout le monde avec simplicité.

Le Gantois, dont le front se relevait très-vite,
Se mit à rire et dit aux reîtres de sa suite :
« Hé ! c'est Aymerillot, le petit compagnon !

— Aymerillot, reprit le roi, dis-nous ton nom.

— Aymery. Je suis pauvre autant qu'un pauvre moine ;
J'ai vingt ans, je n'ai point de paille et point d'avoine,
Je sais lire en latin, et je suis bachelier.
Voilà tout, sire. Il plut au sort de m'oublier
Lorsqu'il distribua les fiefs héréditaires.
Deux liards couvriraient fort bien toutes mes terres,
Mais tout le grand ciel bleu n'emplirait pas mon cœur.
J'entrerai dans Narbonne et je serai vainqueur.

Après, je châtierai les railleurs, s'il en reste. »

Charles, plus rayonnant que l'archange céleste,
S'écria :

« Tu seras, pour ce propos hautain,
Aymery de Narbonne et comte palatin,
Et l'on te parlera d'une façon civile.
Va, fils ! »

Le lendemain Aymery prit la ville.

IV

BIVAR

Bivar était, au fond d'un bois sombre, un manoir
Carré, flanqué de tours, fort vieux, et d'aspect noir.
La cour était petite et la porte était laide
Quand le scheik Jabias, depuis roi de Tolède,
Vint visiter le Cid au retour de Cintra.
Dans l'étroit patio le prince maure entra;
Un homme, qui tenait à la main une étrille,
Pansait une jument attachée à la grille;

Cet homme, dont le scheik ne voyait que le dos,
Venait de déposer à terre des fardeaux,
Un sac d'avoine, une auge, un harnais, une selle;
La bannière arborée au donjon était celle
De don Diègue, ce père étant encore vivant;
L'homme, sans voir le scheik, frottant, brossant, lavant,
Travaillait, tête nue et bras nus, et sa veste
Était d'un cuir farouche et d'une mode agreste;
Le scheik, sans ébaucher même un *buenos dias*,
Dit : « Manant, je viens voir le seigneur Ruy Diaz,
Le grand campéador des Castilles. » Et l'homme,
Se retournant, lui dit : « C'est moi.

— Quoi! vous qu'on nomme
Le héros, le vaillant, le seigneur des pavois,
S'écria Jabias, c'est vous qu'ainsi je vois!
Quoi! c'est vous qui n'avez qu'à vous mettre en campagne
Et qu'à dire : « Partons! » pour donner à l'Espagne,
D'Avis à Gibraltar, d'Algarve à Cadafal,
O grand Cid, le frisson du clairon triomphal,
Et pour faire accourir au-dessus de vos tentes,
Ailes au vent, l'essaim des victoires chantantes!
Lorsque je vous ai vu, seigneur, moi prisonnier,
Vous vainqueur, au palais du roi, l'été dernier,
Vous aviez l'air royal du conquérant de l'Èbre;
Vous teniez à la main la Tizona célèbre;
Votre magnificence emplissait cette cour,
Comme il sied quand on est celui d'où vient le jour;

Cid, vous étiez vraiment un Bivar très-superbe ;
On eût dans un brasier cueilli des touffes d'herbe,
Seigneur, plus aisément, certes, qu'on n'eût trouvé
Quelqu'un qui devant vous prît le haut du pavé ;
Plus d'un richomme avait pour orgueil d'être membre
De votre servidumbre et de votre antichambre ;
Le Cid dans sa grandeur allait, venait, parlait,
La faisant boire à tous, comme aux enfants le lait ;
D'altiers ducs, tout enflés de faste et de tempête,
Qui, depuis qu'ils avaient le chapeau sur la tête,
D'aucun homme vivant ne s'étaient souciés,
Se levaient, sans savoir pourquoi, quand vous passiez ;
Vous vous faisiez servir par tous les gentilshommes ;
Le Cid comme une altesse avait ses majordomes ;
Lerme était votre archer ; Gusman, votre frondeur ;
Vos habits étaient faits avec de la splendeur ;
Vous si bon, vous aviez la pompe de l'armure ;
Votre miel semblait or comme l'orange mûre.
Sans cesse autour de vous vingt coureurs étaient prêts.
Nul n'était au-dessus du Cid, et nul auprès ;
Personne, eût-il été de la royale estrade,
Prince, infant, n'eût osé vous dire : Camarade !
Vous éclatiez, avec des rayons jusqu'aux cieux,
Dans une préséance éblouissante aux yeux ;
Vous marchiez entouré d'un ordre de bataille ;
Aucun sommet n'était trop haut pour votre taille,
Et vous étiez un fils d'une telle fierté
Que les aigles volaient tous de votre côté.

Vous regardiez ainsi que néants et fumées
Tout ce qui n'était pas commandement d'armées,
Et vous ne consentiez qu'au nom de général;
Cid était le baron suprême et magistral;
Vous dominiez tout, grand, sans chef, sans joug, sans digue,
Absolu, lance au poing, panache au front. »

Rodrigue
Répondit : « Je n'étais alors que chez le roi. »

Et le scheik s'écria : « Mais, Cid, aujourd'hui, quoi,
Que s'est-il donc passé? quel est cet équipage?
J'arrive, et je vous trouve en veste, comme un page,
Dehors, bras nus, nu-tête, et si petit garçon
Que vous avez en main l'auge et le caveçon!
Et faisant ce qu'il sied aux écuyers de faire!

— Scheik, dit le Cid, je suis maintenant chez mon père. »

V

LE JOUR DES ROIS

I

L'aube sur les grands monts se leva frémissante
Le six janvier de l'an du Christ huit cent soixante,
Comme si dans les cieux cette clarté savait
Pourquoi l'homme de fer et d'acier se revêt
Et quelle ombre il prépare aux livides journées.

Une blême blancheur baigne les Pyrénées ;

Le louche point du jour de la morne saison,
Par places, dans le large et confus horizon,
Brille, aiguise un clocher, ébauche un monticule;
Et la plaine est obscure, et dans le crépuscule
L'Egba, l'Arga, le Cil, tous ces cours d'eau rampants,
Font des fourmillements d'éclairs et de serpents;
Le bourg Chagres est là près de sa forteresse.

II

Le mendiant du pont de Crassus, où se dresse
L'autel d'Hercule offert aux Jeux Aragonaux,
Est, comme à l'ordinaire, entre deux noirs créneaux,
Venu s'asseoir, tranquille et muet, dès l'aurore.
La larve qui n'est plus ou qui n'est pas encore
Ressemble à ce vieillard, spectre aux funèbres yeux,
Grelottant dans l'horreur d'un haillon monstrueux;
C'est le squelette ayant faim et soif dans la tombe.
Dans ce siècle où sur tous l'esclavage surplombe,
Où tout être, perdu dans la nuit, quel qu'il soit,
Même le plus petit, même le plus étroit,
Offre toujours assez de place pour un maître,
Où c'est un tort de vivre, où c'est un crime d'être,
Ce pauvre homme est chétif au point qu'il est absous;
Il habite le coin du néant, au-dessous

Du dernier échelon de la souffrance humaine,
Si bas, que les heureux ne prennent pas la peine
D'ajouter sa misère à leur joyeux orgueil,
Ni les infortunés d'y confronter leur deuil;
Penché sur le tombeau plein de l'ombre mortelle,
Il est comme un cheval attendant qu'on dételle;
Abject au point que l'homme et la femme, les pas,
Les bruits, l'enterrement, la noce, les trépas,
Les fêtes, sans l'atteindre, autour de lui s'écoulent;
Et le bien et le mal, sans le voir, sur lui roulent;
Tout au plus raille-t-on ce gueux sur son fumier;
Tout le tumulte humain, soldats au fier cimier,
Moines tondus, l'amour, le meurtre, la bataille,
Ignore cette cendre ou rit de cette paille;
Qu'est-il ? Rien, ver de terre, ombre; et même l'ennui
N'a pas le temps de perdre un coup de pied sur lui.
Il rampe entre la chose et la bête de somme;
Tibère, sans marcher dessus, verrait cet homme,
Cet être obscur, infect, pétrifié, dormant,
Ne valant pas l'effort de son écrasement;
Celui qui le voit, dit : « C'est l'idiot! » et passe;
Son regard fixe semble effaré par l'espace;
Infirme, il ne pourrait manier des outils;
C'est un de ces vivants lugubres, engloutis
Dans cette extrémité de l'ombre où se termine
La maladie en lèpre et l'ordure en vermine.
C'est à lui que les maux en bas sont limités;
Du rendez-vous des deuils et des calamités

Sa loque, au vent flottante, est l'effroyable enseigne;
Sous ses ongles crispés sa peau s'empourpre et saigne;
Il regarde, voit-il? il écoute, entend-il?
Si cet être aperçoit l'homme, c'est de profil,
Nul visage n'étant tourné vers ses ténèbres;
La famine et la fièvre ont ployé ses vertèbres;
On voudrait balayer son ombre du pavé;
Au passant qui lui donne, il bégaye un Ave;
Sa parole ébauchée en murmure s'achève;
Et si, dans sa stupeur et du fond de son rêve,
Parfois à quelque chose, ici bas, il répond,
C'est à ce que dit l'eau sous les arches du pont.

Sa maigreur est hideuse aux trous de sa guenille.
Et le seul point par où ce fantôme chenille
Touche aux hommes courbés le soir et le matin,
C'est, à l'aube, au couchant, sa prière en latin,
Dans l'ombre, d'une voix lente psalmodiée.

III

Flamme au septentrion. C'est Vich incendiée.
Don Pancho s'est rué sur Vich au point du jour,
Pancho, roi d'Oloron, commande au carrefour

Des trois pertuis profonds qui vont d'Espagne en France ;
Voulant piller, il a donné la préférence
A Vich, qui fait commerce avec Tarbe et Cahors ;
Pancho, fauve au dedans, est difforme au dehors ;
Il est camard, son nez étant sans cartilages,
Et si méchant, qu'on dit que les gens des villages
Ramassent du poil d'ours où cet homme a passé.
Il a brisé la porte, enjambé le fossé,
Est entré dans l'église, et sous les sombres porches
S'est dressé, rouge spectre, ayant aux poings deux torches ;
Et maintenant, maisons, tours, palais spacieux,
Toute la ville monte en lueur dans les cieux.

Flamboiement au midi. C'est Girone qui brûle.
Le roi Blas a jadis eu d'Inez la matrulle,
Deux bâtards, ce qui fait qu'à cette heure l'on a
Gil, roi de Luz, avec Jean, duc de Cardona ;
L'un règne à Roncevaux et l'autre au col d'Andorre.
Quiconque voit des dieux dans les loups, les adore.
Ils ont, la veille au soir, quitté leurs deux donjons,
Ensemble, avec leur bande, en disant : « Partageons ! »
N'étant pas trop de deux pour ce qu'ils ont à faire.
En route, le plus jeune a crié : « Bah ! mon frère,
Rions ; et renonçons à la chose, veux-tu ?
Revenons sur nos pas ; je ne suis point têtu,
Si tu veux t'en ôter, c'est dit, je me retire.
— Ma règle, a dit l'aîné, c'est de ne jamais rire

Ni reculer, ayant derrière moi l'enfer. »
Et c'est ainsi qu'ils ont, ces deux princes de fer,
Après avoir rompu le mur qui la couronne,
Brûlé la belle ville heureuse de Girone ;
Et fait noir l'horizon que le Seigneur fait bleu.

Rougeur à l'orient. C'est Lumbier en feu.
Ariscat l'est venu piller pour se distraire.
Ariscat est le roi d'Aguas ; ce téméraire,
Car, en basque, Ariscat veut dire le Hardi,
A son donjon debout près du pic du Midi,
Comme s'il s'égalait à la montagne immense.
Il brûle Lumbier comme on brûla Numance ;
L'histoire est quelquefois l'infidèle espion :
Elle oublie Ariscat et vante Scipion ;
N'importe ! le roi basque est invincible, infâme,
Superbe, comme un autre, et fait sa grande flamme ;
Cette ville n'est plus qu'un bûcher ; il est fier ;
Et le tas de tisons d'Ariscat, Lumbier,
Vaut bien Tyr, le monceau de braises d'Alexandre.

Fumée à l'occident. C'est Teruel en cendre.
Le roi du mont Jaxa, Gesufal le Cruel,
Pour son baiser terrible a choisi Teruel ;
Il vient d'en approcher ses deux lèvres funèbres,
Et Teruel se tord dans un flot de ténèbres.

Le fort que sur un pic Gesufal éleva
Est si haut, que du faîte on voit tout l'Alava,
Tout l'Èbre, les deux mers, et le merveilleux golfe
Où tombe Phaéton et d'où s'envole Astolphe.
Gesufal est ce roi, gai comme les démons,
Qui disait aux pays gisant au pied des monts,
Sol inquiet, tremblant comme une solfatare :
« Je suis ménétrier ; je mets à ma guitare
La corde des gibets dressés sur le chemin ;
Dansez, peuples ! j'ai deux royaumes dans ma main ;
Aragon et Léon sont mes deux castagnettes. »
C'est lui qui dit encor : « Je fais les places nettes. »
Et Teruel, hier une ville, aujourd'hui
Est de l'ombre. O désastre ! ô peuple sans appui !
Des tourbillons de nuit et d'étincelles passent,
Les façades au fond des fournaises s'effacent,
L'enfant cherche la femme et la femme l'enfant,
Un râle horrible sort du foyer étouffant ;
Les flammèches au vent semblent d'affreux moustiques ;
On voit dans le brasier le comptoir des boutiques
Où le marchand vendait la veille, et les tiroirs
Sont là béants, montrant de l'or dans leurs coins noirs.
Le feu poursuit la foule et sur les toits s'allonge ;
On crie, on tombe, on fuit, tant la vie est un songe !

IV

Qu'est-ce que ce torrent de rois? Pourquoi ce choix,
Quatre villes? Pourquoi toutes quatre à la fois?
Sont-ce des châtiments, ou n'est-ce qu'un carnage?
Pas de choix. Le hasard, ou bien le voisinage,
Voilà tout; le butin pour but et pour raison;
Quant aux quatre cités brûlant à l'horizon,
Regardez : vous verrez bien d'autres rougeurs sombres.
Toute la perspective est un tas de décombres.
La montagne a jeté sur la plaine ses rois,
Rien de plus. Quant au fait, le voici : Navarrois,
Basques, Aragonais, Catalans, ont des terres;
Pourquoi? Pour enrichir les princes. Monastères
Et seigneurs sont le but du paysan. Le droit
Est l'envers du pouvoir dont la force est l'endroit;
Depuis que le puissant sur le faible se rue,
Entre l'homme d'épée et l'homme de charrue,
Il existe une loi dont l'article premier
C'est que l'un est le maître et l'autre le fermier;
Les enfants sont manants, les femmes sont servantes.
A quoi bon discuter? Sans cessions ni ventes,
La maison appartient au fort, source des lois,
Et le bourg est à qui peut pendre le bourgeois;

Toute chose est à l'homme armé; les cimeterres
Font les meilleurs contrats et sont les bons notaires;
Qui peut prendre doit prendre; et le tabellion
Qui sait le mieux signer un bail, c'est le lion.

Cela posé, qu'ont fait ces peuples? Leur délire
Fut triste. L'autre mois, les rois leur ont fait dire
D'alimenter les monts d'où l'eau vers eux descend,
Et d'y mener vingt bœufs et vingt moutons sur cent,
Plus, une fanéga d'orge et de blé par homme.
La plaine est ouvrière et partant économe;
Les pays plats se sont humblement excusés,
Criant grâce, alléguant qu'ils n'ont de rien assez,
Que maigre est l'Aragon et pauvre la Navarre.
Peuple pauvre, les rois prononcent peuple avare;
De là, frémissement et colère là-haut.
Ordre aux arrière-bans d'accourir au plus tôt;
Et Gesufal, celui d'où tombent les sentences,
A fait venir devant un monceau de potences
Les alcades des champs et les anciens des bourgs,
Affirmant qu'il irait, au son de ses tambours,
Pardieu! chercher leurs bœufs chez eux sous des arcades
Faites de pieds d'anciens et de jambes d'alcades.
Le refus persistant, les rois sont descendus.

V

Et c'est pourquoi, s'étant par message entendus,
En bons cousins, étant convenus en famille
De sortir à la fois, vers l'heure où l'aube brille,
Chacun de sa montagne et chacun de sa tour,
Ils vont fêtant le jour des rois, car c'est leur jour,
Par un grand brûlement de villes dans la plaine.

Déroute; enfants, vieillards, bœufs, moutons; clameur vaine,
Trompettes, cris de guerre : exterminons! frappons!
Chariots s'accrochant aux passages des ponts;
Les champs hagards sont pleins de sombres débandades;
La même flamme court sur les cinq Mérindades;
Olite tend les bras à Tudela qui fuit
Vers la pâle Estrella sur qui le brandon luit;
Et Sanguesa frémit, et toutes quatre ensemble
Appellent au secours Pampelune qui tremble.
Comme on sait tous les noms de ces rois, Gilimer,
Torismondo, Garci, grand-maître de la mer,
Harizetta, Wermond, Barbo, l'homme égrégore,
Juan, prince de Héas, Guy, comte de Bigorre,
Blas-el-Matador, Gil, Francavel, Favilla,
Et qu'enfin, c'est un flot terrible qui vient là,

Devant toutes ces mains dans tant d'horreurs trempées,
On n'a pas songé même à courir aux épées;
On sent qu'en cet essaim que la rage assembla,
Chaque monstre est un grain de cendre d'Attila,
Qu'ils sont fléaux, qu'ils ont en eux l'esprit de guerre;
Qu'ouverts comme Oyarzun, fermés comme Figuère,
Tous les bourgs sont égaux devant l'effrayant vol
De ces chauves-souris du noir ciel espagnol,
Et que tours et créneaux croulent comme des rêves
Au tourbillonnement farouche de leurs glaives;
Nul ne résiste; on meurt. Tas d'hommes poursuivis!
Pas une ville n'a dressé son pont-levis,
Croyant fléchir les rois écumants de victoire
Par l'acceptation tremblante de leur gloire.
On se cache, on s'enfuit, chacun avec les siens.
Ils ont vers Gesufal envoyé leurs anciens,
Pieds nus, la corde au cou, criant miséricorde;
Fidèle à sa promesse, il a serré la corde.

On n'a pas même à Reuss, ô fureur de ces rois!
Épargné le couvent des Filles de la Croix;
Comme on force un fermoir pour feuilleter un livre,
Ils en ont fait briser la porte au soldat ivre.
Hélas! Christ abritait sous un mur élevé
Ces anges où Marie est lisible, où l'Ave
Est écrit, mot divin, sur des pages fidèles,
Vierges pures ayant la Vierge sainte en elles,

Reliures d'ivoire à l'exemplaire d'or !
La grille ouverte, ils ont franchi le corridor ;
Les nonnes frémissaient au fond du sanctuaire ;
En vain le couvent sombre agitait son suaire,
En vain grondait au seuil le vieux foudre romain,
En vain l'abbesse, blanche, en deuil, la crosse en main,
Sinistre, protégeait son tremblant troupeau d'âmes ;
Devant des mécréants, des saintes sont des femmes ;
L'homme parfois à Dieu jette d'affreux défis ;
L'autel, l'horreur du lieu, le sanglant crucifix,
Le cloître avec sa nuit, l'abbesse avec sa crosse,
Tout s'est évanoui dans un rire féroce.
Et ceci fut l'exploit de Blas-el-Matador.

Partout on voit l'alcade et le corrégidor
Pendus, leurs noms au dos, à la potence vile,
L'un, devant son hameau, l'autre devant sa ville.

Tous les bourgs ont tendu leurs gorges au couteau.
Chagres, comme le reste, est mort sur son coteau.
O deuil ! ce fut pendant une journée entière,
Entre les parapets de l'étroit pont de pierre
Que bâtit là Crassus, lieutenant de César,
Comme l'écrasement d'un peuple sous un char.
Ils voulaient s'évader, les manants misérables ;
Mais les pointes d'épée, âpres, inexorables,

Comme des becs de flamme, accouraient derrière eux ;
Les bras levés, les cris, les pleurs, étaient affreux ;
On n'avait jamais vu peut-être une contrée
D'un tel rayonnement de meurtre pénétrée ;
Le pont, d'un bout à l'autre, était un cliquetis ;
Les soldats arrachaient aux mères leurs petits;
Et l'on voyait tomber morts et vivants dans l'Èbre,
Pêle-mêle, et pour tous, hélas! ce pont funèbre
Qui sortait de la ville, entrait dans le tombeau.

VI

Le couchant empourpra le mont Tibidabo ;
Le soir vint; tirant l'âne obstiné qui recule,
Le soldat se remit en route au crépuscule,
Heure trouble assortie au cri du chat-huant;
Lourds de butin, le long des chemins saluant
Les images des saints que les passants vénèrent,
Vainqueurs, sanglants, joyeux, les rois s'en retournèrent
Chacun avec ses gens, chacun vers son état;
Et, reflet du couchant, ou bien de l'attentat,
La chaîne des vieux monts, funeste et vaste bouge,
Apparaissait, dans l'ombre horrible, toute rouge;
On eût dit que, tandis qu'en bas on triomphait,
Quelque archange vengeur de la plaine avait fait

Remonter tout ce sang au front de la montagne.
Chaque bande, à travers la brumeuse campagne,
Dans des directions diverses s'enfonça ;
Ceux-là vers Roncevaux, ceux-ci vers Tolosa ;
Et les pillards tâtaient leurs sacs, de peur que l'ombre
N'en fît tomber l'enflure ou décroître le nombre,
La crainte du voleur étant d'être volé.
Meurtre du laboureur et pillage du blé,
La journée était bonne, et les files de lances
Serpentaient dans les champs pleins de sombres silences ;
Les montagnards disaient : « Quel beau coup de filet ! »
Après avoir tué la plaine qui râlait,
Ils rentraient dans leurs monts, comme une flotte au havre,
Et, riant et chantant, s'éloignaient du cadavre.
On vit leurs dos confus reluire quelque temps,
Et leurs rangs se grouper sous les drapeaux flottants
Ainsi que des chaînons ténébreux se resserrent,
Puis ces farouches voix dans la nuit s'effacèrent.

VII

Le pont de Crassus, morne et tout mouillé de sang,
Resta désert.

Alors, tragique et se dressant,

Le mendiant, tendant ses deux mains décharnées,
Montra sa souquenille immonde aux Pyrénées,
Et cria dans l'abîme et dans l'immensité :
« Confrontez-vous. Sentez votre fraternité,
O mont superbe, ô loque infâme! neige, boue!
Comparez, sous le vent des cieux qui les secoue,
Toi, tes nuages noirs, toi, tes haillons hideux,
O guenille, ô montagne; et cachez toutes deux,
Pendant que les vivants se traînent sur leurs ventres,
Toi, les poux dans tes trous, toi, les rois dans tes antres! »

V

LES CHEVALIERS ERRANTS

La terre a vu jadis errer des paladins;
Ils flamboyaient ainsi que des éclairs soudains,
Puis s'évanouissaient, laissant sur les visages
La crainte, et la lueur de leurs brusques passages;
Ils étaient, dans des temps d'oppression, de deuil,
De honte, où l'infamie étalait son orgueil,
Les spectres de l'honneur, du droit, de la justice;
Ils foudroyaient le crime, ils souffletaient le vice;
On voyait le vol fuir, l'imposture hésiter,
Blêmir la trahison, et se déconcerter

Toute puissance injuste, inhumaine, usurpée,
Devant ces magistrats sinistres de l'épée ;
Malheur à qui faisait le mal ! Un de ces bras
Sortait de l'ombre avec ce cri : « Tu périras ! »
Contre le genre humain et devant la nature,
De l'équité suprême ils tentaient l'aventure ;
Prêts à toute besogne, à toute heure, en tout lieu,
Farouches, ils étaient les chevaliers de Dieu.

Ils erraient dans la nuit ainsi que des lumières.

Leur seigneurie était tutrice des chaumières ;
Ils étaient justes, bons, lugubres, ténébreux ;
Quoique gardé par eux, quoique vengé par eux,
Le peuple en leur présence avait l'inquiétude
De la foule devant la pâle solitude ;
Car on a peur de ceux qui marchent en songeant,
Pendant que l'aquilon, du haut des cieux plongeant,
Rugit, et que la pluie épand à flots son urne
Sur leur tête entrevue au fond du bois nocturne.

Ils passaient effrayants, muets, masqués de fer.

Quelques-uns ressemblaient à des larves d'enfer ;

Leurs cimiers se dressaient difformes sur leurs heaumes;
On ne savait jamais d'où sortaient ces fantômes;
On disait : « Qui sont-ils ? d'où viennent-ils ? Ils sont
Ceux qui punissent, ceux qui jugent, ceux qui vont. »
Tragiques, ils avaient l'attitude du rêve.

O les noirs chevaucheurs ! ô les marcheurs sans trêve !
Partout où reluisait l'acier de leur corset,
Partout où l'un d'eux, calme et grave, apparaissait
Posant sa lance au coin ténébreux de la salle,
Partout où surgissait leur ombre colossale,
On sentait la terreur des pays inconnus;
Celui-ci vient du Rhin; celui-là du Cydnus;
Derrière eux cheminait la Mort, squelette chauve;
Il semblait qu'aux naseaux de leur cavale fauve
On entendît la mer ou la forêt gronder;
Et c'est aux quatre vents qu'il fallait demander
Si ce passant était roi d'Albe ou de Bretagne,
S'il sortait de la plaine ou bien de la montagne,
S'il avait triomphé du maure, ou du chenil
Des peuples monstrueux qui hurlent près du Nil;
Quelle ville son bras avait prise ou sauvée;
De quel monstre il avait écrasé la couvée.

Les noms de quelques-uns jusqu'à nous sont venus;
Ils s'appelaient Bernard, Lahire, Eviradnus;

Ils avaient vu l'Afrique; ils éveillaient l'idée
D'on ne sait quelle guerre effroyable en Judée,
Rois dans l'Inde, ils étaient en Europe barons;
Et les aigles, les cris des combats, les clairons,
Les batailles, les rois, les dieux, les épopées,
Tourbillonnaient dans l'ombre au vent de leurs épées;
Qui les voyait passer à l'angle de son mur
Pensait à ces cités d'or, de brume et d'azur,
Qui font l'effet d'un songe à la foule effarée :
Tyr, Héliopolis, Solyme, Césarée.
Ils surgissaient du sud ou du septentrion,
Portant sur leur écu l'hydre ou l'alérion,
Couverts des noirs oiseaux du taillis héraldique,
Marchant seuls au sentier que le devoir indique,
Ajoutant au bruit sourd de leur pas solennel
La vague obscurité d'un voyage éternel,
Ayant franchi les flots, les monts, les bois horribles,
Ils venaient de si loin, qu'ils en étaient terribles;
Et ces grands chevaliers mêlaient à leurs blasons
Toute l'immensité des sombres horizons.

I

LE PETIT ROI DE GALICE

I

Le ravin d'Ernula

Ils sont là tous les dix, les infants d'Asturie.
La même affaire unit dans la même prairie
Les cinq de Santillane aux cinq d'Oviedo.
C'est midi ; les mulets, très-las, ont besoin d'eau,
L'âne a soif, le cheval souffle et baisse un œil terne,
Et la troupe a fait halte auprès d'une citerne ;

Tout à l'heure on ira plus loin, bannière au vent;
Ils atteindront le fond de l'Asturie avant
Que la nuit ait couvert la sierra de ses ombres;
Ils suivent le chemin qu'à travers ces monts sombres
Un torrent, maintenant à sec, jadis creusa,
Comme s'il voulait joindre Espos à Tolosa;
Un prêtre est avec eux qui lit son bréviaire.

Entre eux et Compostelle ils ont mis la rivière.

Ils sont près d'Ernula, bois où le pin verdit,
Où Pelage est si grand, que le chevrier dit:
« Les Arabes faisaient la nuit sur la patrie.
— Combien sont-ils? criaient les peuples d'Asturie.
Pelage en sa main prit la forêt d'Ernula,
Alluma cette torche, et, tant qu'elle brûla,
Il put voir et compter, du haut de la montagne,
Les maures ténébreux jusqu'au fond de l'Espagne. »

II

Leurs Altesses

L'endroit est désolé, les gens sont triomphants.

C'est un groupe tragique et fier que ces infants,
Précédés d'un clairon qu'à distance accompagne
Une bande des gueux les plus noirs de l'Espagne;
Sur le front des soldats, férocement vêtus,
La montera de fer courbe ses crocs pointus,
Et Mauregat n'a point d'estafiers plus sauvages,
Et le forban Dragut n'a pas sur les rivages
Écumé de forçats pires, et Gaïffer
N'a pas, dans le troupeau qui le suit, plus d'enfer;
Les casques sont d'acier et les cœurs sont de bronze;
Quant aux infants, ce sont dix noms sanglants : Alonze,
Don Santos Pacheco le Hardi, Froïla,
Qui, si l'on veut Satan, peut dire : Me voilà !
Ponce, qui tient la mer d'Irun à Biscarosse,
Rostabat le Géant, Materne le Féroce,

Blas, Ramon, Jorge et Ruy le Subtil, leur aîné,
Blond, le moins violent et le plus acharné.

Le mont, complice et noir, s'ouvre en gorges désertes.

Ils sont frères ; c'est bien ; sont-ils amis ? Non, certes.
Ces Caïns pour lien ont la perte d'autrui.
Blas, du reste, est l'ami de Materne, et don Ruy
De Ramon, comme Atrée est l'ami de Thyeste.

III

Nuño

Les chefs parlent entre eux, les soldats font la sieste.

Les chevaux sont parqués à part, et sont gardés
Par dix hommes, riant, causant, jouant aux dés,
Qui sont dix intendants, ayant titres de maîtres,
Armés d'épieux, avec des poignards à leurs guêtres.

Le sentier a l'air traître et l'arbre a l'air méchant ;
Et la chèvre qui broute au flanc du mont penchant,
Entre les grès lépreux trouve à peine une câpre,
Tant la ravine est fauve et tant la roche est âpre ;
De distance en distance, on voit des puits bourbeux
Où finit le sillon des chariots à bœufs ;
Hors un peu d'herbe autour des puits, tout est aride ;
Tout du grand midi sombre a l'implacable ride ;
Les arbres sont gercés, les granits sont fendus.
L'air rare et brûlant manque aux oiseaux éperdus.
On distingue des tours sur l'épine dorsale
D'un mont lointain qui semble une ourse colossale ;
Quand, où Dieu met le roc, l'homme bâtit le fort,
Quand à la solitude il ajoute la mort,
Quand de l'inaccessible il fait l'inexpugnable,
C'est triste. Dans des plis d'ocre rouge et de sable,
Les hauts sentiers des cols, vagues linéaments,
S'arrêtent court, brusqués par les escarpements.
Vers le nord, le troupeau des nuages qui passe,
Poursuivi par le vent, chien hurlant de l'espace,
S'enfuit, à tous les pics laissant de sa toison.
Le Corcova remplit le fond de l'horizon.

On entend dans les pins que l'âge use et mutile
Lutter le rocher hydre et le torrent reptile ;
Près du petit pré vert pour la halte choisi,
Un précipice obscur, sans pitié, sans merci,

Aveugle, ouvre son flanc, plein d'une pâle brume
Où l'Ybaïchalval, épouvantable, écume.
De vrais brigands n'auraient pas mieux trouvé l'endroit.
Le col de la vallée est tortueux, étroit,
Rude, et si hérissé de broussaille et d'ortie,
Qu'un seul homme en pourrait défendre la sortie.

De quoi sont-ils joyeux ? D'un exploit. Cette nuit,
Se glissant dans la ville avec leurs gens, sans bruit,
Avant l'heure où commence à poindre l'aube grise,
Ils ont dans Compostelle enlevé par surprise
Le pauvre petit roi de Galice, Nuño.
Les loups sont là, pesant dans leur griffe l'agneau.
En cercle près du puits, dans le champ d'herbe verte,
Cette collection de monstres se concerte.

Le jeune roi captif a quinze ans ; ses voleurs
Sont ses oncles ; de là son effroi ; pas de pleurs ;
Il se tait ; il comprend le but qui les rassemble ;
Il bâille, et par moments ferme les yeux, et tremble.
Son front triste est meurtri d'un coup de gantelet.
En partant, on l'avait lié sur un mulet ;
Grave et sombre, il a dit : « Cette corde me blesse. »
On l'a fait délier, dédaignant sa faiblesse ;
Mais ses oncles hagards fixent leurs yeux sur lui.
L'orphelin sent le vide horrible et sans appui.

A sa mort, espérant dompter les vents contraires,
Le feu roi don Garci fit venir ses dix frères,
Supplia leur honneur, leur sang, leur cœur, leur foi,
Et leur recommanda ce faible enfant, leur roi.
On discute, en baissant la voix avec mystère,
Trois avis : le cloîtrer au prochain monastère,
L'aller vendre à Juzaph, prince des sarrasins,
Le jeter simplement dans un des puits voisins.

IV

La conversation des infants

« La vie est un affront alors qu'on nous la laisse,
Dit Pacheço; qu'il vive, et meure de vieillesse !
Tué, c'était le roi; vivant, c'est un bâtard.
Qu'il vive! au couvent!

— Mais s'il reparaît plus tard?
Dit Jorge.

— Oui, s'il revient? dit Materno l'Hyène.

— S'il revient? disent Ponce et Ramon.

— Qu'il revienne !

Réplique Pacheco. Frères, si maintenant
Nous le laissons vivant, nous le faisons manant.
Je lui dirais : « Choisis : la mort, ou bien le cloître. »
Si, pouvant disparaître, il aime mieux décroître,
Je vous l'enferme au fond d'un moutier vermoulu,
Et je lui dis : C'est bon. C'est toi qui l'as voulu.
Un roi qu'on avilit tombe; on le destitue
Bien quand on le méprise et mal quand on le tue.
Nuño mort, c'est un spectre ; il reviendrait. Mais, bah !
Ayant plié le jour où mon bras le courba,
Mais s'étant laissé tondre, ayant eu la paresse
De vivre, que m'importe après qu'il reparaisse !
Je dirais : « Le feu roi hantait les filles ; bien ;
» A-t-il eu quelque part ce fils ? Je n'en sais rien ;
» Mais depuis quand, bâtard et lâche, est-on des nôtres ?
» Toute la différence entre un rustre et nous autres,
» C'est que, si l'affront vient à notre choix s'offrir,
» Le rustre voudra vivre et le prince mourir ;
» Or, ce drôle a vécu. » Les manants ont envie
De devenir caducs, et tiennent à la vie ;
Ils sont bourgeois, marchands, bâtards, vont aux sermons,
Et meurent vieux ; mais nous, les princes, nous aimons
Une jeunesse courte et gaie à fin sanglante ;
Nous sommes les guerriers ; nous trouvons la mort lente,
Et nous lui crions : « Viens ! » et nous accélérons
Son pas lugubre avec le bruit de nos clairons.
Le peuple nous connaît, et le sait bien ; il chasse
Quiconque prouve mal sa couronne et sa race,

Quiconque porte mal sa peau de roi. Jamais
Un roi n'est ressorti d'un cloître ; et je promets
De donner aux bouviers qui sont dans la prairie
Tous mes états d'Algarve et tous ceux d'Asturie,
Si quelqu'un, n'importe où, dans les pays de mer
Ou de terre, en Espagne, en France, dans l'enfer,
Me montre un capuchon d'où sort une couronne.
Le froc est un linceul que la nuit environne.
Après que vous avez blémi dans un couvent,
On ne veut plus de vous ; un moine, est-ce un vivant ?
On ne vous trouve plus la mine assez féroce.
« Moine, reprends ta robe ! Abbé, reprends ta crosse !
» Va-t-en ! » Voilà le cri qu'on vous jette. Laissons
Vivre l'enfant. »

Don Ruy, le chef des trahisons,
Froid, se parle à lui-même et dit :

« Cette mesure
Aurait ceci de bon qu'elle serait très-sûre.

— Laquelle ? » dit Ramon.

Mais Ruy, sans se hâter :

« Je ne sais rien de mieux, dit-il, pour compléter
Les choses de l'état et de la politique,
Et les actes prudents qu'on fait et qu'on pratique,

Et qui ne doivent pas du vulgaire être sus,
Qu'un puits profond, avec une pierre dessus. »

Cela se dit pendant que les gueux, pêle-mêle,
Boivent l'ombre et le rêve à l'obscure mamelle
Du sommeil ténébreux et muet; et, pendant
Que l'enfant songe, assis sous le soleil ardent.
Le prêtre mange, avec les prières d'usage.

V

Les soldats continuent de dormir et les infants de causer

Une faute : on n'a point fait garder le passage.
O don Ruy le Subtil, à quoi donc pensez-vous?
Mais don Ruy répondrait : « J'ai la ronce et le houx,
Et chaque pan de roche est une sentinelle;
La fauve solitude est l'amie éternelle
Des larrons, des voleurs et des hommes de nuit;
Ce pays ténébreux comme un antre est construit.
Et nous avons ici notre aire inabordable;
C'est un vieux recéleur que ce mont formidable;

Sinistre, il nous accepte, et, quoi que nous fassions,
Il cache dans ses trous toutes nos actions ;
Et que pouvons-nous donc craindre dans ces provinces,
Étant bandits aux champs et dans les villes princes? »

Le débat sur le roi continue. « Il faudrait,
Dit l'infant Ruy, trouver quelque couvent discret,
Quelque in-pace bien calme où cet enfant vieillisse ;
Soit. Mais il vaudrait mieux abréger le supplice,
Et s'en débarrasser dans l'Ybaïchalval.
Prenez vite un parti, vite ! Ensuite à cheval !
Dépêchons. »

Et, voyant que l'infant don Materne
Jette une pierre, et puis une autre, à la citerne,
Et qu'il suit du regard les cercles qu'elles font,
L'infant Ruy s'interrompt, dit : « Pas assez profond.
J'ai regardé. » Puis, calme, il reprend :

« Une affaire
Perd sa première forme alors qu'on la diffère ;
Un point est décidé dès qu'il est éclairci.
Nous sommes tous d'accord en bons frères ici,
L'enfant nous gêne. Il faut que de la vie il sorte ;
Le cloître n'est qu'un seuil, la tombe est une porte·
Choisissez. Mais que tout soit fait avant demain. »

VI

Quelqu'un

Alerte! un cavalier passe dans le chemin.

C'est l'heure où les soldats, aux yeux lourds, aux fronts blêmes,
La sieste finissant, se réveillent d'eux-mêmes.
Le cavalier qui passe est habillé de fer;
Il vient par le sentier du côté de la mer;
Il entre dans le val, il franchit la chaussée;
Calme, il approche. Il a la visière baissée;
Il est seul; son cheval est blanc.

Bon chevalier,
Qu'est-ce que vous venez faire dans ce hallier?
Bon passant, quel hasard funeste vous amène
Parmi ces rois ayant de la figure humaine
Tout ce que les démons peuvent en copier?
Quelle abeille êtes-vous pour entrer au guêpier?

Quel archange êtes-vous pour entrer dans l'abîme?

Les princes, occupés de bien faire leur crime,
Virent, hautains d'abord, sans trop se soucier,
Passer cet inconnu sous son voile d'acier;
Lui-même, il paraissait, traversant la clairière,
Regarder vaguement leur bande aventurière;
Comme si ses poumons trouvaient l'air étouffant,
Il se hâtait; soudain il aperçut l'enfant;
Alors il marcha droit vers eux, mit pied à terre,
Et, grave, il dit :

« Je sens une odeur de panthère,
Comme si je passais dans les monts de Tunis;
Je vous trouve en ce lieu trop d'hommes réunis;
Fait-on le mal ici par hasard? Je soupçonne
Volontiers les endroits où ne passe personne.
Qu'est-ce que cet enfant? Et que faites-vous là? »

Un rire, si bruyant qu'un vautour s'envola,
Fut du fier Pacheco la première réponse;
Puis il cria :

« Pardieu, mes frères! Jorge, Ponce,
Ruy, Rostabat, Alonze, avez-vous entendu?
Les arbres du ravin demandent un pendu;
Qu'ils prennent patience, ils l'auront tout à l'heure;

Je veux d'abord répondre à l'homme. Que je meure
Si je lui cèle rien de ce qu'il veut savoir!
Devant moi d'ordinaire, et dès que l'on croit voir
Quelque chose qui semble aux manants mon panache,
Vite, on clôt les volets des maisons, on se cache,
On se bouche l'oreille et l'on ferme les yeux;
Je suis content d'avoir enfin un curieux.
Il ne sera pas dit que quelqu'un sur la terre,
Princes, m'aura vu faire une chose et la taire,
Et que, questionné, j'aurai balbutié.
Le hardi qui fait peur, muet, ferait pitié.
Ma main s'ouvre toujours, montrant ce qu'elle sème.
J'étalerais mon âme à Dieu, vînt-il lui-même
M'interroger du haut des cieux, moi, Pacheco,
Ayant pour voix la foudre et l'enfer pour écho.
Çà, qui que tu sois, homme, écoute, misérable.
Nous choisirons après ton chêne ou ton érable,
Selon qu'il peut te plaire, en ce bois d'Ernula,
Pendre à ces branches-ci plutôt qu'à celles-là.
Écoute : ces seigneurs à mines téméraires,
Et moi, le Pacheco, nous sommes les dix frères;
Nous sommes les infants d'Asturie; et ceci,
C'est Nuño, fils de feu notre frère Garci,
Roi de Galice, ayant pour ville Compostelle;
Nous, ses oncles, avons sur lui droit de tutelle;
Nous l'allons verrouiller dans un couvent. Pourquoi?
C'est qu'il est si petit, qu'il est à peine roi;
Et que ce peuple-ci veut de fortes épées;

Tant de haines autour du maître sont groupées
Qu'il faut que le seigneur ait la barbe au menton;
Donc, nous avons ôté du trône l'avorton,
Et nous l'allons offrir au bon Dieu. Sur mon âme,
Cela vous a la peau plus blanche qu'une femme!
Mes frères, n'est-ce pas? c'est mou, c'est grelottant;
On ignore s'il voit, on ne sait s'il entend;
Un roi, ça! rien qu'à voir ce petit, on s'ennuie.
Moi, du moins, j'ai dans l'œil des flammes, et la pluie,
Le soleil et le vent, ces farouches tanneurs,
M'ont fait le cuir robuste et ferme, messeigneurs!
Ah! pardieu, s'il est beau d'être prince, c'est rude:
Avoir du combattant l'éternelle attitude,
Vivre casqué, suer l'été, geler l'hiver,
Être le ver affreux d'une larve de fer,
Coucher dans le harnais, boire à la calebasse,
Le soir être si las qu'on va la tête basse,
Se tordre un linge aux pieds, les souliers vous manquant,
Guerroyer tout le jour, la nuit garder le camp,
Marcher à jeun, marcher vaincu, marcher malade,
Sentir suinter le sang par quelque estafilade,
Manger des oignons crus et dormir par hasard,
Voilà. Vissez-moi donc le heaume et le brassard
Sur ce fœtus, à qui bientôt on verra croître
Par derrière une mitre et par devant un goître!
A la bonne heure, moi! je suis le compagnon
Des coups d'épée, et j'ai la Colère pour nom,
Et les poils de mon bras font peur aux bêtes fauves.

Ce nain vivra tondu parmi les vieillards chauves;
Il se pourrait aussi, pour le bien de l'état,
Si l'on trouvait un puits très-creux, qu'on l'y jetât;
Moi, je l'aimerais mieux moine en quelque cachette,
Servant la messe au prêtre avec une clochette.
Pour nous, chacun de nous étant prince et géant,
Nous gardons sceptre et lance, et rien n'est mieux séant
Qu'aux enfants la chapelle et la bataille aux hommes.
Il a précisément dix comtés, et nous sommes
Dix princes; est-il rien de plus juste? A présent,
N'est-ce pas, tu comprends cette affaire, passant?
Elle est simple, et l'on peut n'en pas faire mystère;
Et le jour ne va pas s'éclipser, et la terre
Ne va pas refuser aux hommes le maïs,
Parce que dix seigneurs partagent un pays,
Et parce qu'un enfant rentre dans la poussière. »

Le chevalier leva lentement sa visière :
« Je m'appelle Roland, pair de France, » dit-il.

VII

Don Ruy le Subtil

Alors l'aîné prudent, le chef, Ruy le Subtil,
Sourit :

« Sire Roland, ma pente naturelle
Étant de ne chercher à personne querelle,
Je vous salue, et dis : Soyez le bienvenu !
Je vous fais remarquer que ce pays est nu,
Rude, escarpé, désert, brutal, et que nous sommes
Dix infants bien armés avec dix majordomes,
Ayant derrière nous cent coquins fort méchants ;
Et que, s'il nous plaisait, nous pourrions dans ces champs
Laisser de la charogne en pâture aux volées
De corbeaux que le soir chasse dans les vallées ;
Vous êtes dans un vrai coupe-gorge ; voyez :
Pas un toit, pas un mur, des sentiers non frayés,
Personne ; aucun secours possible ; et les cascades
Couvrent le cri des gens tombés aux embuscades.

On ne voyage guère en ce val effrayant.
Les songe-creux, qui vont aux chimères bayant,
Trouvent les âpretés de ces ravins fort belles;
Mais ces chemins pierreux aux passants sont rebelles,
Ces pics repoussent l'homme, ils ont des coins hagards
Hantés par des vivants aimant peu les regards,
Et, quand une vallée est à ce point rocheuse,
Elle peut devenir aux curieux fâcheuse.
Bon Roland, votre nom est venu jusqu'à nous,
Nous sommes des seigneurs bien faisants et très-doux,
Nous ne voudrions pas vous faire de la peine,
Allez-vous-en. Parfois la montagne est malsaine.
Retournez sur vos pas, ne soyez point trop lent,
Retournez.

— Décidez mon cheval, dit Roland;
Car il a l'habitude étrange et ridicule
De ne pas m'obéir quand je veux qu'il recule. »

Les infants un moment se parlèrent tout bas.
Et Ruy dit à Roland :

« Tant d'illustres combats
Font luire votre gloire, ô grand soldat sincère,
Que nous vous aimons mieux compagnon qu'adversaire.
Seigneur, tout invincible et tout Roland qu'on est,
Quand il faut, pied à pied, dans l'herbe et le genêt,

Lutter seul, et, n'ayant que deux bras, tenir tête
A cent vingt durs garçons, c'est une sombre fête;
C'est un combat d'un sang généreux empourpré,
Et qui pourrait finir, sur le sinistre pré,
Par les os d'un héros réjouissant les aigles.
Entendons-nous plutôt. Les états ont leurs règles;
Et vous êtes tombé dans un arrangement
De famille, inutile à conter longuement;
Seigneur, Nuño n'est pas possible; je m'explique:
L'enfantillage nuit à la chose publique;
Mettre sur un tel front la couronne, l'effroi,
La guerre, n'est-ce pas stupide? Un marmot roi!
Allons donc! en ce cas, si le contre-sens règne,
Si l'absurde fait loi, qu'on me donne une duègne,
Et dites aux brebis de rugir, ordonnez
Aux biches d'emboucher les clairons forcenés;
En même temps, soyez conséquent, qu'on affuble
L'ours des monts et le loup des bois d'une chasuble,
Et qu'aux pattes du tigre on plante un goupillon.
Seigneur, pour être un sage, on n'est pas un félon;
Et les choses qu'ici je vous dis sont certaines
Pour les docteurs autant que pour les capitaines.
J'arrive au fait; soyons amis. Nous voulons tous
Faire éclater l'estime où nous sommes de vous;
Voici: Leso n'est pas une bourgade vile,
La ville d'Oyarzun est une belle ville,
Toutes deux sont à vous. Si, pesant nos raisons,
Vous nous prêtez main-forte en ce que nous faisons,

Nous vous donnons les gens, les bois, les métairies.
Donc vous voilà seigneur de ces deux seigneuries ;
Il ne nous reste plus qu'à nous tendre la main.
Nous avons de la cire, un prêtre, un parchemin,
Et, pour que Votre Grâce en tout point soit contente,
Nous allons vous signer ici votre patente ;
C'est dit.

— Avez-vous fait ce rêve ? » dit Roland.

Et, présentant au roi son beau destrier blanc :

« Tiens, roi ! pars au galop, hâte-toi, cours, regagne
Ta ville, et saute au fleuve et passe la montagne,
Va ! »

L'enfant-roi bondit en selle éperdument,
Et le voilà qui fuit sous le clair firmament,
A travers monts et vaux, pâle, à bride abattue.

« Çà, le premier qui monte à cheval, je le tue. »
Dit Roland.

Les infants se regardaient entre eux,
Stupéfaits.

VIII

Pacheco, Froïla, Rostabat

Et Roland :

« Il serait désastreux
Qu'un de vous poursuivît cette proie échappée ;
Je ferais deux morceaux de lui d'un coup d'épée,
Comme le Duero coupe Léon en deux. »

Et, pendant qu'il parlait, à son bras hasardeux
La grande Durandal brillait toute joyeuse.
Roland s'adosse au tronc robuste d'une yeuse,
Criant : « Défiez-vous de l'épée. Elle mord.

— Quand tu serais femelle ayant pour nom la Mort,
J'irai ! j'égorgerai Nuño dans la campagne ! »
Dit Pacheco, sautant sur son genêt d'Espagne.

Roland monte au rocher qui barre le chemin.

L'infant pique des deux, une dague à la main,
Une autre entre les dents, prête à la repartie;
Qui donc l'empêcherait de franchir la sortie?
Ses poignets sont crispés d'avance du plaisir
D'atteindre le fuyard et de le ressaisir,
Et de sentir trembler sous l'ongle inexorable
Toute la pauvre chair de l'enfant misérable.
Il vient, et sur Roland il jette un long lacet;
Roland, surpris, recule, et Pacheco passait...
Mais le grand paladin se roidit, et l'assomme
D'un coup prodigieux qui fendit en deux l'homme
Et tua le cheval, et si surnaturel
Qu'il creva le chanfrein et troua le girel.

« Qu'est-ce que j'avais dit? » fit Roland.

« Qu'on soit sage,
Reprit-il; renoncez à forcer le passage.
Si l'un de vous, bravant Durandal à mon poing,
A le cerveau heurté de folie à ce point,
Je lui ferai descendre au talon sa fêlure;
Voyez. »

Don Froïla, caressant l'encolure

De son large cheval au mufle de taureau,
Crie : « Allons !

— Pas un pas de plus, caballero ! »
Dit Roland.

Et l'infant répond d'un coup de lance ;
Roland, atteint, chancelle, et Froïla s'élance;
Mais Durandal se dresse, et jette Froïla
Sur Pacheco, dont l'âme en ce moment hurla.
Froïla tombe, étreint par l'angoisse dernière ;
Son casque, dont l'épée a brisé la charnière,
S'ouvre, et montre sa bouche où l'écume apparaît.
Bave épaisse et sanglante ! Ainsi, dans la forêt,
La séve, en mai, gonflant les aubépines blanches,
S'enfle et sort en salive à la pointe des branches.

« Vengeance ! mort ! rugit Rostabat le Géant,
Nous sommes cent contre un. Tuons ce mécréant !

— Infants ! cria Roland, la chose est difficile ;
Car Roland n'est pas un. J'arrive de Sicile,
D'Arabie et d'Égypte, et tout ce que je sais,
C'est que des peuples noirs devant moi sont passés ;
Je crois avoir plané dans le ciel solitaire ;
Il m'a semblé parfois que je quittais la terre

Et l'homme, et que le dos monstrueux des griffons
M'emportait au milieu des nuages profonds;
Mais, n'importe, j'arrive, et votre audace est rare,
Et j'en ris. Prenez garde à vous, car je déclare,
Infants, que j'ai toujours senti Dieu près de moi.
Vous êtes cent contre un! Pardieu! le bel effroi!
Fils, cent maravédis valent-ils une piastre?
Cent lampions sont-ils plus farouches qu'un astre?
Combien de poux faut-il pour manger un lion?
Vous êtes peu nombreux pour la rébellion
Et pour l'encombrement du chemin, quand je passe.
Arrière! »

Rostabat le Géant, tête basse,
Crachant les grognements rauques d'un sanglier,
Lourd colosse, fondit sur le bon chevalier,
Avec le bruit d'un mur énorme qui s'écroule;
Près de lui, s'avançant comme une sombre foule,
Les sept autres infants, avec leurs intendants,
Marchent, et derrière eux viennent, grinçant des dents,
Les cent coupe-jarrets à faces renégates,
Coiffés de monteras et chaussés d'alpargates,
Demi-cercle féroce, agile, étincelant;
Et tous font converger leurs piques sur Roland.

L'infant, monstre de cœur, est monstre de stature;
Le rocher de Roland lui vient à la ceinture;

Leurs fronts sont de niveau dans ces puissants combats,
Le preux étant en haut et le géant en bas.

Rostabat prend pour fronde, ayant Roland pour cible,
Un noir grappin qui semble une araignée horrible,
Masse affreuse oscillant au bout d'un long anneau;
Il lance sur Roland cet arrache-créneau;
Roland l'esquive, et dit au géant : « Bête brute ! »
Le grappin égratigne un rocher dans sa chute,
Et le géant bondit, deux haches aux deux poings.

Le colosse et le preux, terribles, se sont joints.

« O Durandal, ayant coupé Dol en Bretagne,
Tu peux bien me trancher encor cette montagne, »
Dit Roland, assenant l'estoc sur Rostabat.

Comme sur ses deux pieds de devant l'ours s'abat,
Après s'être dressé pour étreindre le pâtre,
Ainsi Rostabat tombe; et sur son cou d'albâtre
Laïs nue avait moins d'escarboucles luisant
Que ces fauves rochers n'ont de flaques de sang.
Il tombe; la bruyère écrasée est remplie
De cette monstrueuse et vaste panoplie;

Relevée en tombant, sa chemise d'acier
Laisse nu son poitrail de prince carnassier,
Cadavre au ventre horrible, aux hideuses mamelles,
Et l'on voit le dessous de ses noires semelles.

Les sept princes vivants regardent les trois morts.

Et, pendant ce temps-là, lâchant rênes et mors,
Le pauvre enfant sauvé fuyait vers Compostelle.

Durandal brille et fait refluer devant elle
Les assaillants, poussant des souffles d'aquilon ;
Toujours droit sur le roc qui ferme le vallon,
Roland crie au troupeau qui sur lui se resserre :

« Du renfort vous serait peut-être nécessaire.
Envoyez-en chercher. A quoi bon se presser?
J'attendrai jusqu'au soir avant de commencer.

— Il raille ! Tous sur lui ! dit Jorge, et pêle-mêle !
Nous sommes vautours; l'aigle est notre sœur jumelle;
Fils, courage! et ce soir, pour son souper sanglant,
Chacun de nous aura son morceau de Roland.

IX

Durandal travaille

Laveuses qui, dès l'heure où l'orient se dore,
Chantez, battant du linge aux fontaines d'Andorre,
Et qui faites blanchir des toiles sous le ciel,
Chevriers qui roulez sur le Jaïzquivel
Dans les nuages gris votre hutte isolée,
Muletiers qui poussez de vallée en vallée
Vos mules sur les ponts que César éleva,
Sait-on ce que là-bas le vieux mont Corcova
Regarde par-dessus l'épaule des collines ?

Le mont regarde un choc hideux de javelines,
Un noir buisson vivant de piques, hérissé,
Comme au pied d'une tour que ceindrait un fossé,
Autour d'un homme, tête altière, âpre, escarpée,
Que protége le cercle immense d'une épée.

Tous d'un côté; de l'autre, un seul; tragique duel!
Lutte énorme! combat de l'Hydre et de Michel!

Qui pourrait dire, au fond des cieux pleins de huées,
Ce que fait le tonnerre au milieu des nuées,
Et ce que fait Roland entouré d'ennemis?
Larges coups, flots de sang par des bouches vomis,
Faces se renversant en arrière livides,
Casques brisés roulant comme des cruches vides,
Flot d'assaillants toujours repoussés, blessés, morts,
Cris de rage; ô carnage! ô terreur! corps à corps
D'un homme contre un tas de gueux épouvantable!
Comme un usurier met son or sur une table,
Le meurtre sur les morts jette les morts, et rit.
Durandal flamboyant semble un sinistre esprit;
Elle va, vient, remonte et tombe, se relève,
S'abat, et fait la fête effrayante du glaive :
Sous son éclair, les bras, les cœurs, les yeux, les fronts,
Tremblent, et les hardis, nivelés aux poltrons,
Se courbent; et l'épée éclatante et fidèle
Donne des coups d'estoc qui semblent des coups d'aile;
Et sur le héros, tous ensemble, le truand,
Le prince, furieux, s'acharnent, se ruant,
Frappant, parant, jappant, hurlant, criant : Main-forte!
Roland est-il blessé? Peut-être. Mais qu'importe?
Il lutte. La blessure est l'altière faveur
Que fait la guerre au brave illustre, au preux sauveur,

Et la chair de Roland, mieux que l'acier trempée,
Ne craint pas ce baiser farouche de l'épée.
Mais, cette fois, ce sont des armes de goujats,
Lassos plombés, couteaux catalans, navajas,
Qui frappent le héros, sur qui cette famille
De monstres se reploie et se tord et fourmille;
Le héros sous son pied sent onduler leurs nœuds
Comme les gonflements d'un dragon épineux;
Son armure est partout bosselée et fêlée;
Et Roland par moments songe dans la mêlée:
« Pense-t-il à donner à boire à mon cheval? »

Un ruisseau de pourpre erre et fume dans le val,
Et sur l'herbe partout des gouttes de sang pleuvent;
Cette clairière aride et que jamais n'abreuvent
Les urnes de la pluie et les vastes seaux d'eau
Que l'hiver jette au front des monts d'Urbistondo,
S'ouvre, et toute brûlée et toute crevassée,
Consent joyeusement à l'horrible rosée;
Fauve, elle dit: « C'est bon. J'ai moins chaud maintenant. »
Des satyres, couchés sur le dos, égrenant
Des grappes de raisin au-dessus de leur tête,
Des ægipans aux yeux de dieux, aux pieds de bête,
Joutant avec le vieux Silène, s'essoufflant
A se vider quelque outre énorme dans le flanc,
Tetant la nymphe Ivresse en leur riante envie,
N'ont pas la volupté de la soif assouvie

Plus que ce redoutable et terrible ravin.
La terre boit le sang mieux qu'un faune le vin.

Un assaut est suivi d'un autre assaut. A peine
Roland a-t-il broyé quelque gueux qui le gêne,
Que voilà de nouveau qu'on lui mord le talon.
Noir fracas ! la forêt, la lande, le vallon,
Les cols profonds, les pics que l'ouragan insulte,
N'entendent plus le bruit du vent dans ce tumulte ;
Un vaste cliquetis sort de ce sombre effort ;
Tout l'écho retentit. Qu'est-ce donc que la mort
Forge dans la montagne et fait dans cette brume,
Ayant ce vil ramas de bandits pour enclume,
Durandal pour marteau, Roland pour forgeron ?

X

Le crucifix

Et, là-bas, sans qu'il fût besoin de l'éperon,
Le cheval galopait toujours à perdre haleine ;
Il passait la rivière, il franchissait la plaine,
Il volait ; par moments, frémissant et ravi,
L'enfant se retournait, tremblant d'être suivi,

Et de voir, des hauteurs du monstrueux repaire,
Descendre quelque frère horrible de son père.

Comme le soir tombait, Compostelle apparut.
Le cheval traversa le pont de granit brut
Dont saint Jacque a posé les premières assises.
Les bons clochers sortaient des brumes indécises ;
Et l'orphelin revit son paradis natal.

Près du pont se dressait, sur un haut piédestal,
Un Christ en pierre ayant à ses pieds la madone ;
Un blanc cierge éclairait sa face qui pardonne,
Plus douce à l'heure où l'ombre au fond des cieux grandit.
Et l'enfant arrêta son cheval, descendit,
S'agenouilla, joignit les mains devant le cierge,
Et dit :

« O mon bon Dieu, ma bonne sainte Vierge,
J'étais perdu ; j'étais le ver sous le pavé ;
Mes oncles me tenaient ; mais vous m'avez sauvé ;
Vous m'avez envoyé ce paladin de France,
Seigneur ; et vous m'avez montré la différence
Entre les hommes bons et les hommes méchants.
J'avais peut-être en moi bien de mauvais penchants,
J'eusse plus tard peut-être été moi-même infâme,
Mais, en sauvant la vie, ô Dieu, vous sauvez l'âme ;

Vous m'êtes apparu dans cet homme, Seigneur ;
J'ai vu le jour, j'ai vu la foi, j'ai vu l'honneur,
Et j'ai compris qu'il faut qu'un prince compatisse
Au malheur, c'est-à-dire, ô Père ! à la justice.
O madame Marie ! ô Jésus ! à genoux
Devant le crucifix où vous saignez pour nous,
Je jure de garder ce souvenir, et d'être
Doux au faible, loyal au bon, terrible au traître,
Et juste et secourable à jamais, écolier
De ce qu'a fait pour moi ce vaillant chevalier.
Et j'en prends à témoin vos saintes auréoles. »

Le cheval de Roland entendit ces paroles,
Leva la tête, et dit à l'enfant : « C'est bien, roi. »

L'orphelin remonta sur le blanc palefroi,
Et rentra dans sa ville au son joyeux des cloches.

XI

Ce qu'a fait Ruy le Subtil

Et dans le même instant, entre les larges roches,
A travers les sapins d'Ernula, frémissant
De ce défi superbe et sombre, un contre cent,

On pouvait voir encor, sous la nuit étoilée,
Le groupe formidable au fond de la vallée.
Le combat finissait ; tous ces monts radieux
Ou lugubres, jadis hantés des demi-dieux,
S'éveillaient, étonnés, dans le blanc crépuscule,
Et, regardant Roland, se souvenaient d'Hercule.
Plus d'infants : neuf étaient tombés ; un avait fui ;
C'était Ruy le Subtil ; mais la bande sans lui
Avait continué, car rien n'irrite comme
La honte et la fureur de combattre un seul homme ;
Durandal, à tuer ces coquins s'ébréchant,
Avait jonché de morts la terre, et fait ce champ
Plus vermeil qu'un nuage où le soleil se couche ;
Elle s'était rompue en ce labeur farouche ;
Ce qui n'empêchait pas Roland de s'avancer ;
Les bandits, le croyant prêt à recommencer,
Tremblants comme des bœufs qu'on ramène à l'étable
A chaque mouvement de son bras redoutable,
Reculaient, lui montrant de loin leurs coutelas ;
Et, pas à pas, Roland, sanglant, terrible, las,
Les chassait devant lui parmi les fondrières ;
Et, n'ayant plus d'épée, il leur jetait des pierres.

II

EVIRADNUS

I

Départ de l'aventurier pour l'aventure

Qu'est-ce que Sigismond et Ladislas ont dit ?
Je ne sais si la roche ou l'arbre l'entendit ;
Mais, quand ils ont tout bas parlé dans la broussaille,
L'arbre a fait un long bruit de taillis qui tressaille,
Comme si quelque bête en passant l'eût troublé,
Et l'ombre du rocher ténébreux a semblé

Plus noire, et l'on dirait qu'un morceau de cette ombre
A pris forme et s'en est allé dans le bois sombre,
Et maintenant on voit comme un spectre marchant
Là-bas dans la clarté sinistre du couchant.

Ce n'est pas une bête en son gîte éveillée,
Ce n'est pas un fantôme éclos sous la feuillée,
Ce n'est pas un morceau de l'ombre du rocher
Qu'on voit là-bas au fond des clairières marcher;
C'est un vivant qui n'est ni stryge ni lémure;
Celui qui marche là, couvert d'une âpre armure,
C'est le grand chevalier d'Alsace, Eviradnus.

Ces hommes qui parlaient, il les a reconnus;
Comme il se reposait dans le hallier, ces bouches
Ont passé, murmurant des paroles farouches,
Et jusqu'à son oreille un mot est arrivé;
Et c'est pourquoi ce juste et ce preux s'est levé.

Il connaît ce pays qu'il parcourut naguère.

Il rejoint l'écuyer Gasclin, page de guerre,
Qui l'attend dans l'auberge, au plus profond du val,
Où tout à l'heure il vient de laisser son cheval

Pour qu'en hâte on lui donne à boire, et qu'on le ferre.
Il dit au forgeron : « Faites vite. Une affaire
M'appelle. » Il monte en selle et part.

II

Eviradnus

Eviradnus,
Vieux, commence à sentir le poids des ans chenus;
Mais c'est toujours celui qu'entre tous on renomme,
Le preux que nul n'a vu de son sang économe;
Chasseur du crime, il est nuit et jour à l'affût;
De sa vie il n'a fait d'action qui ne fût
Sainte, blanche et loyale, et la grande pucelle,
L'épée, en sa main pure et sans tache, étincelle
C'est le Samson chrétien qui, survenant à point,
N'ayant pour enfoncer la porte que son poing,
Entra, pour la sauver, dans Sickingen en flamme;
Qui, s'indignant de voir honorer un infâme,
Fit, sous son dur talon, un tas d'arceaux rompus
Du monument bâti pour l'affreux duc Lupus,
Arracha la statue, et porta la colonne
Du munster de Strasbourg au pont de Wasselonne,

Et là, fier, la jeta dans les étangs profonds ;
On vante Eviradnus d'Altorf à Chaux-de-Fonds ;
Quand il songe et s'accoude, on dirait Charlemagne ;
Rôdant, tout hérissé, du bois à la montagne,
Velu, fauve, il a l'air d'un loup qui serait bon ;
Il a sept pieds de haut comme Jean de Bourbon ;
Tout entier au devoir qu'en sa pensée il couve,
Il ne se plaint de rien, mais seulement il trouve
Que les hommes sont bas et que les lits sont courts ;
Il écoute partout si l'on crie au secours ;
Quand les rois courbent trop le peuple, il le redresse
Avec une intrépide et superbe tendresse ;
Il défendit Alix comme Diègue Urraca ;
Il est le fort ami du faible ; il attaqua
Dans leurs antres les rois du Rhin, et dans leurs bauges
Les barons effrayants et difformes des Vosges ;
De tout peuple orphelin il se faisait l'aïeul ;
Il mit en liberté les villes ; il vint seul
De Hugo Tête-d'Aigle affronter la caverne ;
Bon, terrible, il brisa le carcan de Saverne,
La ceinture de fer de Schelestadt, l'anneau
De Colmar, et la chaîne au pied de Haguenau.
Tel fut Eviradnus. Dans l'horrible balance
Où les princes jetaient le dol, la violence,
L'iniquité, l'horreur, le mal, le sang, le feu,
Sa grande épée était le contre-poids de Dieu.

Il est toujours en marche, attendu qu'on moleste
Bien des infortunés sous la voûte céleste,
Et qu'on voit dans la nuit bien des mains supplier;
Sa lance n'aime pas moisir au râtelier;
Sa hache de bataille aisément se décroche;
Malheur à l'action mauvaise qui s'approche
Trop près d'Eviradnus, le champion d'acier!
La mort tombe de lui comme l'eau du glacier.
Il est héros; il a pour cousine la race
Des Amadis de France et des Pyrrhus de Thrace;
Il rit des ans. Cet homme à qui le monde entier
N'eût pas fait dire grâce! et demander quartier,
Ira-t-il pas crier au temps: Miséricorde!
Il s'est, comme Baudoin, ceint les reins d'une corde;
Tout vieux qu'il est, il est de la grande tribu;
Le moins fier des oiseaux n'est pas l'aigle barbu.

Qu'importe l'âge! il lutte. Il vient de Palestine,
Il n'est point las. Les ans s'acharnent; il s'obstine.

III

Dans la forêt

Quelqu'un qui s'y serait perdu ce soir, verrait
Quelque chose d'étrange au fond de la forêt;

C'est une grande salle éclairée et déserte.
Où? Dans l'ancien manoir de Corbus.

L'herbe verte,
Le lierre, le chiendent, l'églantier sauvageon,
Font, depuis trois cents ans, l'assaut de ce donjon ;
Le burg, sous cette abjecte et rampante escalade,
Meurt, comme sous la lèpre un sanglier malade ;
Il tombe ; les fossés s'emplissent des créneaux ;
La ronce, ce serpent, tord sur lui ses anneaux ;
Le moineau franc, sans même entendre ses murmures,
Sur ses vieux pierriers morts vient becqueter les mûres ;
L'épine sur son deuil prospère insolemment ;
Mais, l'hiver, il se venge ; alors, le burg dormant
S'éveille, et, quand il pleut pendant des nuits entières,
Quand l'eau glisse des toits et s'engouffre aux gouttières,
Il rend grâce à l'ondée, aux vents, et, content d'eux,
Profite, pour cracher sur le lierre hideux,
Des bouches de granit de ses quatre gargouilles.

Le burg est aux lichens comme le glaive aux rouilles ;
Hélas! et Corbus, triste, agonise. Pourtant
L'hiver lui plaît ; l'hiver, sauvage combattant,
Il se refait, avec les convulsions sombres
Des nuages hagards croulant sur ses décombres,
Avec l'éclair qui frappe et fuit comme un larron,
Avec les souffles noirs qui sonnent du clairon,

Une sorte de vie effrayante, à sa taille;
La tempête est la sœur fauve de la bataille;
Et le puissant donjon, féroce, échevelé,
Dit : Me voilà ! sitôt que la bise a sifflé;
Il rit quand l'équinoxe irrité le querelle
Sinistrement, avec son haleine de grêle;
Il est joyeux, ce burg, soldat encor debout,
Quand, jappant comme un chien poursuivi par un loup,
Novembre, dans la brume errant de roche en roche,
Répond au hurlement de Janvier qui s'approche.
Le donjon crie : « En guerre ! ô tourmente, es-tu là? »
Il craint peu l'ouragan, lui qui vit Attila.
Oh ! les lugubres nuits ! Combat dans la bruine !
La nuée attaquant, farouche, la ruine !
Un ruissellement vaste, affreux, torrentiel,
Descend des profondeurs furieuses du ciel;
Le burg brave la nue; on entend les gorgones
Aboyer aux huit coins de ses tours octogones;
Tous les monstres sculptés sur l'édifice épars,
Grondent, et les lions de pierre des remparts
Mordent la brume, l'air et l'onde, et les tarasques
Battent de l'aile au souffle horrible des bourrasques;
L'âpre averse en fuyant vomit sur les griffons;
Et, sous la pluie entrant par les trous des plafonds,
Les guivres, les dragons, les méduses, les drées,
Grincent des dents au fond des chambres effondrées;
Le château de granit, pareil aux preux de fer,
Lutte toute la nuit, résiste tout l'hiver;

En vain le ciel s'essouffle, en vain Janvier se rue;
En vain tous les passants de cette sombre rue
Qu'on nomme l'infini, l'ombre et l'immensité,
Le tourbillon, d'un fouet invisible hâté,
Le tonnerre, la trombe où le typhon se dresse,
S'acharnent sur la fière et haute forteresse;
L'orage la secoue en vain comme un fruit mûr;
Les vents perdent leur peine à guerroyer ce mur,
Le Fôhn bruyant s'y lasse, et sur cette cuirasse
L'Aquilon s'époumonne et l'Autan se harasse,
Et tous ces noirs chevaux de l'air sortent fourbus
De leur bataille avec le donjon de Corbus.

Aussi, malgré la ronce et le chardon et l'herbe,
Le vieux burg est resté triomphal et superbe;
Il est comme un pontife au cœur du bois profond;
Sa tour lui met trois rangs de créneaux sur le front;
Le soir, sa silhouette immense se découpe;
Il a pour trône un roc, haute et sublime croupe;
Et, par les quatre coins, sud, nord, couchant, levant,
Quatre monts, Crobius, Bléda, géants du vent,
Aptar où croît le pin, Toxis que verdit l'orme,
Soutiennent au-dessus de sa tiare énorme
Les nuages, ce dais livide de la nuit.

Le pâtre a peur, et croit que cette tour le suit;

Les superstitions ont fait Corbus terrible ;
On dit que l'Archer Noir a pris ce burg pour cible,
Et que sa cave est l'antre où dort le Grand Dormant ;
Car les gens des hameaux tremblent facilement ;
Les légendes toujours mêlent quelque fantôme
A l'obscure vapeur qui sort des toits de chaume,
L'âtre enfante le rêve, et l'on voit ondoyer
L'effroi dans la fumée errante du foyer.

Aussi, le paysan rend grâce à sa roture
Qui le dispense, lui, d'audace et d'aventure,
Et lui permet de fuir ce burg de la forêt
Qu'un preux, par point d'honneur belliqueux, chercherait.

Corbus voit rarement au loin passer un homme.
Seulement, tous les quinze ou vingt ans, l'économe
Et l'huissier du palais, avec des cuisiniers
Portant tout un festin dans de larges paniers,
Viennent, font des apprêts mystérieux, et partent ;
Et, le soir, à travers les branches qui s'écartent,
On voit de la lumière au fond du burg noirci ;
Et nul n'ose approcher. Et pourquoi ? Le voici :

IV

La coutume de Lusace

C'est l'usage, à la mort d'un marquis de Lusace,
Que l'héritier du trône, en qui revit la race,
Avant de revêtir les royaux attributs,
Aille, une nuit, souper dans la tour de Corbus;
C'est de ce noir souper qu'il sort prince et margrave;
La marquise n'est bonne et le marquis n'est brave
Que s'ils ont respiré les funèbres parfums
Des siècles dans ce nid des vieux maîtres défunts;
Les marquis de Lusace ont une haute tige,
Et leur source est profonde à donner le vertige;
Ils ont pour père Antée, ancêtre d'Attila;
De ce vaincu d'Alcide une race coula;
C'est la race, autrefois païenne, puis chrétienne,
De Lechus, de Platon, d'Othon, d'Ursus, d'Étienne,
Et de tous ces seigneurs des rocs et des forêts
Bordant l'Europe au nord, flot d'abord, digue après.
Corbus est double : il est burg au bois, ville en plaine;
Du temps où l'on montait sur la tour châtelaine,
On voyait, au delà des pins et des rochers,
Sa ville perçant l'ombre au loin de ses clochers;

Cette ville a des murs ; pourtant, ce n'est pas d'elle
Que relève l'antique et noble citadelle ;
Fière, elle s'appartient ; quelquefois un château
Est l'égal d'une ville ; en Toscane, Prato,
Barletta dans la Pouille, et Crême en Lombardie,
Valent une cité, même forte et hardie ;
Corbus est de ce rang. Sur ses rudes parois
Ce burg a le reflet de tous les anciens rois ;
Tous leurs avénements, toutes leurs funérailles,
Ont, chantant ou pleurant, traversé ses murailles ;
Tous s'y sont mariés, la plupart y sont nés ;
C'est là que flamboyaient ces barons couronnés ;
Corbus est le berceau de la royauté scythe.
Or, le nouveau marquis doit faire une visite
A l'histoire qu'il va continuer. La loi
Veut qu'il soit seul pendant la nuit qui le fait roi.
Au seuil de la forêt, un clerc lui donne à boire
Un vin mystérieux versé dans un ciboire,
Qui doit, le soir venu, l'endormir jusqu'au jour ;
Puis on le laisse, il part et monte dans la tour ;
Il trouve dans la salle une table dressée ;
Il soupe et dort ; et l'ombre envoie à sa pensée
Tous les spectres des rois depuis le duc Bela ;
Nul n'oserait entrer au burg cette nuit-là ;
Le lendemain, on vient en foule, on le délivre ;
Et, plein des visions du sommeil, encore ivre
De tous ses grands aïeux qui lui sont apparus,
On le mène à l'église où dort Borivorus ;

L'évêque lui bénit la bouche et la paupière,
Et met dans ses deux mains les deux haches de pierre
Dont Attila frappait, juste comme la mort,
D'un bras sur le Midi, de l'autre sur le Nord.

Ce jour-là, sur les tours de la ville, on arbore
Le menaçant drapeau du marquis Swantibore
Qui lia dans les bois et fit manger aux loups
Sa femme et le taureau dont il était jaloux.

Même quand l'héritier du trône est une femme,
Le souper de la tour de Corbus la réclame;
C'est la loi ; seulement, la pauvre femme a peur.

V

La marquise Mahaud

La nièce du dernier marquis, Jean le Frappeur,
Mahaud, est aujourd'hui marquise de Lusace.
Dame, elle a la couronne, et, femme, elle a la grâce ;
Une reine n'est pas reine sans la beauté.
C'est peu que le royaume, il faut la royauté.

Dieu dans son harmonie également emploie
Le cèdre qui résiste et le roseau qui ploie,
Et, certes, il est bon qu'une femme parfois
Ait dans sa main les mœurs, les esprits et les lois,
Succède au maître altier, sourie au peuple, et mène,
En lui parlant tout bas, la sombre troupe humaine;
Mais la douce Mahaud, dans ces temps de malheur,
Tient trop le sceptre, hélas ! comme on tient une fleur ;
Elle est gaie, étourdie, imprudente et peureuse.
Toute une Europe obscure autour d'elle se creuse;
Et, quoiqu'elle ait vingt ans, on a beau la prier,
Elle n'a pas encor voulu se marier.
Il est temps cependant qu'un bras viril l'appuie;
Comme l'arc-en-ciel rit entre l'ombre et la pluie,
Comme la biche joue entre le tigre et l'ours,
Elle a, la pauvre belle aux purs et chastes jours,
Deux noirs voisins qui font une noire besogne :
L'empereur d'Allemagne et le roi de Pologne.

VI

Les deux voisins

Toute la différence entre ce sombre roi
Et ce sombre empereur, sans foi, sans Dieu, sans loi,

C'est que l'un est la griffe et que l'autre est la serre;
Tous deux vont à la messe et disent leur rosaire;
Ils n'en passent pas moins pour avoir fait tous deux
Dans l'enfer un traité d'alliance hideux;
On va même jusqu'à chuchoter à voix basse,
Dans la foule où la peur d'en haut tombe et s'amasse,
L'affreux texte d'un pacte entre eux et le pouvoir
Qui s'agite sous l'homme au fond du monde noir;
Quoique l'un soit la haine et l'autre la vengeance,
Ils vivent côte à côte en bonne intelligence;
Tous les peuples qu'on voit saigner à l'horizon
Sortent de leur tenaille et sont de leur façon;
Leurs deux figures sont lugubrement grandies
Par de rouges reflets de sacs et d'incendies;
D'ailleurs, comme David, suivant l'usage ancien,
L'un est poëte, et l'autre est bon musicien;
Et les déclarant dieux, la renommée allie
Leurs noms dans les sonnets qui viennent d'Italie.
L'antique hiérarchie a l'air mise en oubli;
Car, suivant le vieil ordre en Europe établi,
L'empereur d'Allemagne est duc, le roi de France
Marquis; les autres rois ont peu de différence;
Ils sont barons autour de Rome, leur pilier,
Et le roi de Pologne est simple chevalier;
Mais dans ce siècle on voit l'exception unique
Du roi sarmate égal au césar germanique.
Chacun s'est fait sa part; l'allemand n'a qu'un soin,
Il prend tous les pays de terre ferme au loin;

Le polonais, ayant le rivage baltique,
Veut des ports ; il a pris toute la mer celtique ;
Sur tous les flots du nord il pousse ses dromons ;
L'Islande voit passer ses navires démons ;
L'allemand brûle Anvers et conquiert les deux Prusses,
Le polonais secourt Spotocus, duc des Russes,
Comme un plus grand boucher en aide un plus petit ;
Le roi prend, l'empereur pille, usurpe, investit ;
L'empereur fait la guerre à l'ordre teutonique,
Le roi sur le Jutland pose son pied cynique ;
Mais, qu'ils brisent le faible ou qu'ils trompent le fort,
Quoi qu'ils fassent, ils ont pour loi d'être d'accord ;
Des geysers du pôle aux cités transalpines,
Leurs ongles monstrueux, crispés sur des rapines,
Égratignent le pâle et triste continent.
Et tout leur réussit. Chacun d'eux, rayonnant,
Mène à fin tous ses plans lâches ou téméraires,
Et règne ; et, sous Satan paternel, ils sont frères ;
Ils s'aiment ; l'un est fourbe et l'autre est déloyal ;
Ils sont les deux bandits du grand chemin royal.
O les noirs conquérants ! et quelle œuvre éphémère !
L'ambition, branlant ses têtes de chimère,
Sous leur crâne brumeux, fétide et sans clarté,
Nourrit la pourriture et la stérilité ;
Ce qu'ils font est néant et cendre ; une hydre allaite,
Dans leur âme nocturne et profonde, un squelette.
Le polonais sournois, l'allemand hasardeux,
Remarquent qu'à cette heure une femme est près d'eux ;

Tous deux guettent Mahaud. Et naguère, avec rage,
De sa bouche qu'empourpre une lueur d'orage
Et d'où sortent des mots pleins d'ombre ou teints de sang,
L'empereur a jeté cet éclair menaçant :
« L'empire est las d'avoir au dos cette besace
Qu'on appelle la haute et la basse Lusace,
Et dont la pesanteur, qui nous met sur les dents,
S'accroît, quand, par hasard, une femme est dedans. »
Le polonais se tait, épie et patiente.

Ce sont deux grands dangers ; mais cette insouciante
Sourit, gazouille et danse, aime les doux propos,
Se fait bénir du pauvre et réduit les impôts ;
Elle est vive, coquette, aimable et bijoutière ;
Elle est femme toujours ; dans sa couronne altière,
Elle choisit la perle, elle a peur du fleuron ;
Car le fleuron tranchant, c'est l'homme et le baron.
Elle a des tribunaux d'amour qu'elle préside ;
Aux copistes d'Homère elle paye un subside ;
Elle a tout récemment accueilli dans sa cour
Deux hommes, un luthier avec un troubadour,
Dont on ignore tout, le nom, le rang, la race,
Mais qui, conteurs charmants, le soir, sur la terrasse,
A l'heure où les vitraux aux brises sont ouverts,
Lui font de la musique et lui disent des vers.

Or, en juin, la Lusace, en août, les Moraves,
Font la fête du trône et sacrent leurs margraves;
C'est aujourd'hui le jour du burg mystérieux;
Mahaud viendra ce soir souper chez ses aïeux.

Qu'est-ce que tout cela fait à l'herbe des plaines,
Aux oiseaux, à la fleur, au nuage, aux fontaines?
Qu'est-ce que tout cela fait aux arbres des bois?
Que le peuple ait des jougs et que l'homme ait des rois,
L'eau coule, le vent passe et murmure : Qu'importe!

VII

La salle à manger

La salle est gigantesque; elle n'a qu'une porte;
Le mur fuit dans la brume et semble illimité;
En face de la porte, à l'autre extrémité,
Brille, étrange et splendide, une table adossée
Au fond de ce livide et froid rez-de-chaussée;
La salle a pour plafond les charpentes du toit;
Cette table n'attend qu'un convive; on n'y voit
Qu'un fauteuil sous un dais qui pend aux poutres noires;
Les anciens temps ont peint sur le mur leurs histoires :

Le fier combat du roi des Vendes Thassilo,
Contre Nemrod sur terre et Neptune sur l'eau,
Le fleuve Rhin trahi par la rivière Meuse,
Et, groupes blêmissants sur la paroi brumeuse,
Odin, le loup Fenris et le serpent Asgar;
Et toute la lumière éclairant ce hangar,
Qui semble d'un dragon avoir été l'étable,
Vient d'un flambeau sinistre allumé sur la table;
C'est le grand chandelier aux sept branches de fer
Que l'archange Attila rapporta de l'enfer
Après qu'il eût vaincu le Mammon, et sept âmes
Furent du noir flambeau les sept premières flammes.
Toute la salle semble un grand linéament
D'abîme, modelé dans l'ombre vaguement;
Au fond, la table éclate avec la brusquerie
De la clarté heurtant des blocs d'orfévrerie;
De beaux faisans tués par les traîtres faucons,
Des viandes froides, force aiguières et flacons,
Chargent la table où s'offre une opulente agape;
Les plats, bordés de fleurs, sont en vermeil; la nappe
Vient de Frise, pays célèbre par ses draps;
Et, pour les fruits, brugnons, fraises, pommes, cédrats,
Les pâtres de la Murg ont sculpté les sébiles;
Ces orfévres du bois sont des rustres habiles
Qui font sur une écuelle ondoyer des jardins
Et des monts où l'on voit fuir des chasses aux daims.
Sur une vasque d'or aux anses florentines,
Des actéons cornus et chaussés de bottines

Luttent, l'épée au poing, contre des lévriers;
Des branches de glaïeuls et de genévriers,
Des roses, des bouquets d'anis, une jonchée
De sauge tout en fleur nouvellement fauchée,
Couvrent d'un frais parfum de printemps répandu
Un tapis d'Ispahan sous la table étendu.
Dehors, c'est la ruine et c'est la solitude.
On entend, dans sa rauque et vaste inquiétude,
Passer sur le hallier, par l'été rajeuni,
Le vent, onde de l'ombre et flot de l'infini.
On a remis partout des vitres aux verrières
Qu'ébranle la rafale arrivant des clairières;
L'étrange, dans ce lieu ténébreux et rêvant,
Ce serait que celui qu'on attend fût vivant;
Aux lueurs du sept-bras, qui fait flamboyer presque
Les vagues yeux épars sur la lugubre fresque,
On voit le long des murs, par place, un escabeau,
Quelque long coffre obscur à meubler le tombeau,
Et des buffets, chargés de cuivre et de faïence;
Et la porte, effrayante et sombre confiance,
Est formidablement ouverte sur la nuit.

Rien ne parle en ce lieu, d'où tout homme s'enfuit.
La terreur, dans les coins accroupie, attend l'hôte.
Cette salle à manger de titans est si haute,
Qu'en égarant, de poutre en poutre, son regard
Aux étages confus de ce plafond hagard,

On est presque étonné de n'y pas voir d'étoiles.
L'araignée est géante en ces hideuses toiles
Flottant là-haut, parmi les madriers profonds
Que mordent aux deux bouts les gueules des griffons.
La lumière a l'air noire et la salle a l'air morte.
La nuit retient son souffle. On dirait que la porte
A peur de remuer tout haut ses deux battants.

VIII

Ce qu'on y voit encore

Mais ce que cette salle, antre obscur des vieux temps,
A de plus sépulcral et de plus redoutable,
Ce n'est pas le flambeau, ni le dais, ni la table;
C'est, le long de deux rangs d'arches et de piliers,
Deux files de chevaux avec leurs chevaliers.

Chacun à son pilier s'adosse et tient sa lance;
L'arme droite, ils se font vis-à-vis en silence;
Les chanfreins sont lacés; les harnais sont bouclés;
Les chatons des cuissards sont barrés de leurs clés;
Les trousseaux de poignards sur l'arçon se répandent;
Jusqu'aux pieds des chevaux les caparaçons pendent;

Les cuirs sont agrafés ; les ardillons d'airain
Attachent l'éperon, serrent le gorgerin ;
La grande épée à mains brille au croc de la selle ;
La hache est sur le dos, la dague est sous l'aisselle ;
Les genouillères ont leur boutoir meurtrier ;
Les mains pressent la bride, et les pieds l'étrier ;
Ils sont prêts ; chaque heaume est masqué de son crible ;
Tous se taisent ; pas un ne bouge ; c'est terrible.

Les chevaux monstrueux ont la corne au frontail.
Si Satan est berger, c'est là son noir bétail.
Pour en voir de pareils dans l'ombre, il faut qu'on dorme ;
Ils sont comme engloutis sous la housse difforme ;
Les cavaliers sont froids, calmes, graves, armés,
Effroyables ; les poings lugubrement fermés ;
Si l'enfer tout à coup ouvrait ces mains fantômes,
On verrait quelque lettre affreuse dans leurs paumes.
De la brume du lieu leur stature s'accroît.
Autour d'eux l'ombre a peur et les piliers ont froid.
O nuit, qu'est-ce que c'est que ces guerriers livides ?

Chevaux et chevaliers sont des armures vides,
Mais debout. Ils ont tous encor le geste fier,
L'air fauve, et, quoique étant de l'ombre, ils sont du fer.

Sont-ce des larves? Non; et sont-ce des statues?
Non. C'est de la chimère et de l'horreur, vêtues
D'airain, et, des bas-fonds de ce monde puni,
Faisant une menace obscure à l'infini;
Devant cette impassible et morne chevauchée,
L'âme tremble et se sent des spectres approchée,
Comme si l'on voyait la halte des marcheurs
Mystérieux que l'aube efface en ses blancheurs.
Si quelqu'un, à cette heure, osait franchir la porte,
A voir se regarder ces masques de la sorte,
Il croirait que la mort, à de certains moments,
Rhabillant l'homme, ouvrant les sépulcres dormants,
Ordonne, hors du temps, de l'espace et du nombre,
Des confrontations de fantômes dans l'ombre.

Les linceuls ne sont pas plus noirs que ces armets;
Les tombeaux, quoique sourds et voilés pour jamais,
Ne sont pas plus glacés que ces brassards; les bières
N'ont pas leurs ais hideux mieux joints que ces jambières;
Le casque semble un crâne, et, de squammes couverts,
Les doigts des gantelets luisent comme des vers;
Ces robes de combat ont des plis de suaires;
Ces pieds pétrifiés siéraient aux ossuaires;
Ces piques ont des bois lourds et vertigineux
Où des têtes de mort s'ébauchent dans les nœuds.
Ils sont tous arrogants sur la selle, et leurs bustes
Achèvent les poitrails des destriers robustes;

Les mailles sur leurs flancs croisent leurs durs tricots;
Le mortier des marquis près des tortils ducaux
Rayonne, et sur l'écu, le casque et la rondache,
La perle triple alterne avec les feuilles d'ache;
La chemise de guerre et le manteau de roi
Sont si larges, qu'ils vont du maître au palefroi;
Les plus anciens harnais remontent jusqu'à Rome;
L'armure du cheval sous l'armure de l'homme
Vit d'une vie horrible, et guerrier et coursier
Ne font qu'une seule hydre aux écailles d'acier.

L'histoire est là; ce sont toutes les panoplies
Par qui furent jadis tant d'œuvres accomplies;
Chacune, avec son timbre en forme de delta,
Semble la vision du chef qui la porta;
Là sont les ducs sanglants et les marquis sauvages
Qui portaient pour pennons au milieu des ravages
Des saints dorés et peints sur des peaux de poissons.
Voici Geth, qui criait aux Slaves: « Avançons! »
Mundiaque, Ottocar, Platon, Ladislas Cunne,
Welf, dont l'écu portait: « Ma peur se nomme Aucune. »
Zultan, Nazamystus, Othon le Chassieux;
Depuis Spignus jusqu'à Spartibor-aux-trois-yeux,
Toute la dynastie effrayante d'Antée
Semble là sur le bord des siècles arrêtée.

Que font-ils là, debout et droits? Qu'attendent-ils?
L'aveuglement remplit l'armet aux durs sourcils.
L'arbre est là sans la séve et le héros sans l'âme;
Où l'on voit des yeux d'ombre on vit des yeux de flamme;
La visière aux trous ronds sert de masque au néant;
Le vide s'est fait spectre et rien s'est fait géant;
Et chacun de ces hauts cavaliers est l'écorce
De l'orgueil, du défi, du meurtre et de la force;
Le sépulcre glacé les tient; la rouille mord
Ces grands casques, épris d'aventure et de mort,
Que baisait leur maîtresse auguste, la bannière;
Pas un brassard ne peut remuer sa charnière;
Les voilà tous muets, eux qui rugissaient tous,
Et, grondant et grinçant, rendaient les clairons fous;
Le heaume affreux n'a plus de cri dans ses gencives;
Ces armures, jadis fauves et convulsives,
Ces hauberts, autrefois pleins d'un souffle irrité,
Sont venus s'échouer dans l'immobilité,
Regarder devant eux l'ombre qui se prolonge,
Et prendre dans la nuit la figure du songe.

Ces deux files, qui vont depuis le morne seuil
Jusqu'au fond où l'on voit la table et le fauteuil,
Laissent entre leurs fronts une ruelle étroite;
Les marquis sont à gauche et les ducs sont à droite;
Jusqu'au jour où le toit que Spignus crénela,
Chargé d'ans, croulera sur leur tête, ils sont là,

Inégaux, face à face, et pareils, côte à côte.
En dehors des deux rangs, en avant, tête haute,
Comme pour commander le funèbre escadron
Qu'éveillera le bruit du suprême clairon,
Les vieux sculpteurs ont mis un cavalier de pierre,
Charlemagne, ce roi qui de toute la terre
Fit une table ronde à douze chevaliers.

Les cimiers surprenants, tragiques, singuliers,
Cauchemars entrevus dans le sommeil sans bornes,
Sirènes aux seins nus, mélusines, licornes,
Farouches bois de cerfs, aspics, alérions,
Sur la rigidité des pâles morions,
Semblent une forêt de monstres qui végète;
L'un penche en avant, l'autre en arrière se jette;
Tous ces êtres, dragons, cerbères orageux,
Que le bronze et le rêve ont créés dans leurs jeux,
Lions volants, serpents ailés, guivres palmées,
Faits pour l'effarement des livides armées,
Espèces de démons composés de terreur,
Qui, sur le heaume altier des barons en fureur,
Hurlaient, accompagnant la bannière géante,
Sur les cimiers glacés songent, gueule béante,
Comme s'ils s'ennuyaient, trouvant les siècles longs;
Et, regrettant les morts saignant sous les talons,
Les trompettes, la poudre immense, la bataille,
Le carnage, on dirait que l'Épouvante bâille.

Le métal fait reluire, en reflets durs et froids,
Sa grande larme au mufle obscur des palefrois;
De ces spectres pensifs l'odeur des temps s'exhale;
Leur ombre est formidable au plafond de la salle;
Aux lueurs du flambeau frissonnant, au-dessus
Des blêmes cavaliers vaguement aperçus,
Elle remue et croît dans les ténébreux faîtes;
Et la double rangée horrible de ces têtes
Fait, dans l'énormité des vieux combles fuyants,
De grands nuages noirs aux profils effrayants.

Et tout est fixe, et pas un coursier ne se cabre
Dans cette légion de la guerre macabre;
Oh! ces hommes masqués sur ces chevaux voilés,
Chose affreuse!

A la brume éternelle mêlés,
Ayant chez les vivants fini leur tâche austère,
Muets, ils sont tournés du côté du mystère;
Ces sphinx ont l'air, au seuil du gouffre où rien ne luit,
De regarder l'énigme en face dans la nuit,
Comme si, prêts à faire, entre les bleus pilastres,
Sous leurs sabots d'acier étinceler les astres,
Voulant pour cirque l'ombre, ils provoquaient d'en bas,
Pour on ne sait quels fiers et funèbres combats,
Dans le champ sombre où n'ose aborder la pensée,
La sinistre visière au fond des cieux baissée.

IX

Bruit que fait le plancher

C'est là qu'Eviradnus entre; Gasclin le suit.

Le mur d'enceinte étant presque partout détruit,
Cette porte, ancien seuil des marquis patriarches,
Qu'au-dessus de la cour exhaussent quelques marches,
Domine l'horizon, et toute la forêt
Autour de son perron comme un gouffre apparaît.
L'épaisseur du vieux roc de Corbus est propice
A cacher plus d'un sourd et sanglant précipice;
Tout le burg, et la salle elle-même, dit-on,
Sont bâtis sur des puits faits par le duc Platon;
Le plancher sonne; on sent au-dessous des abîmes.

« Page, dit ce chercheur d'aventures sublimes,
Viens. Tu vois mieux que moi, qui n'ai plus de bons yeux,
Car la lumière est femme et se refuse aux vieux;

Bah ! voit toujours assez qui regarde en arrière.
On découvre d'ici la route et la clairière;
Garçon, vois-tu là-bas venir quelqu'un ? » Gasclin
Se penche hors du seuil ; la lune est dans son plein,
D'une blanche lueur la clairière est baignée.
« Une femme à cheval. Elle est accompagnée.
— De qui? » Gasclin répond : « Seigneur, j'entends les voix
De deux hommes parlant et riant, et je vois
Trois ombres de chevaux qui passent sur la route.
— Bien, dit Eviradnus. Ce sont eux. Page, écoute :
Tu vas partir d'ici. Prends un autre chemin.
Va-t'en, sans être vu. Tu reviendras demain
Avec nos deux chevaux, frais, en bon équipage,
Au point du jour. C'est dit. Laisse-moi seul. » Le page
Regardant son bon maître avec des yeux de fils,
Dit : « Si je demeurais? Ils sont deux. — Je suffis.
Va. »

X

Eviradnus immobile

Le héros est seul sous ces grands murs sévères.
Il s'approche un moment de la table où les verres

Et les hanaps, dorés et peints, petits et grands,
Sont étagés, divers pour les vins différents;
Il a soif; les flacons tentent sa lèvre avide;
Mais la goutte qui reste au fond d'un verre vide
Trahirait que quelqu'un dans la salle est vivant;
Il va droit aux chevaux. Il s'arrête devant
Celui qui le plus près de la table étincelle,
Il prend le cavalier et l'arrache à la selle;
La panoplie en vain lui jette un pâle éclair,
Il saisit corps à corps le fantôme de fer,
Et l'emporte au plus noir de la salle; et, pliée
Dans la cendre et la nuit, l'armure humiliée
Reste adossée au mur comme un héros vaincu;
Eviradnus lui prend sa lance et son écu,
Monte en selle à sa place, et le voilà statue.

Pareil aux autres, froid, la visière abattue,
On n'entend pas un souffle à sa lèvre échapper,
Et le tombeau pourrait lui-même s'y tromper.

Tout est silencieux dans la salle terrible.

XI

Un peu de musique

Écoutez! — Comme un nid qui murmure invisible,
Un bruit confus s'approche, et des rires, des voix,
Des pas, sortent du fond vertigineux des bois.

Et voici qu'à travers la grande forêt brune
Qu'emplit la rêverie immense de la lune,
On entend frissonner et vibrer mollement,
Communiquant aux bois son doux frémissement,
La guitare des monts d'Inspruck, reconnaissable
Au grelot de son manche où sonne un grain de sable;
Il s'y mêle la voix d'un homme, et ce frisson
Prend un sens et devient une vague chanson :

« Si tu veux, faisons un rêve :
Montons sur deux palefrois;
Tu m'emmènes, je t'enlève.
L'oiseau chante dans les bois.

» Je suis ton maître et ta proie;
Partons, c'est la fin du jour;
Mon cheval sera la joie,
Ton cheval sera l'amour.

» Nous ferons toucher leurs têtes;
Les voyages sont aisés;
Nous donnerons à ces bêtes
Une avoine de baisers.

» Viens! nos doux chevaux mensonges
Frappent du pied tous les deux,
Le mien au fond de mes songes,
Et le tien au fond des cieux.

» Un bagage est nécessaire;
Nous emporterons nos vœux,
Nos bonheurs, notre misère,
Et la fleur de tes cheveux.

» Viens, le soir brunit les chênes;
Le moineau rit; ce moqueur
Entend le doux bruit des chaînes
Que tu m'as mises au cœur.

» Ce ne sera point ma faute
Si les forêts et les monts,
En nous voyant côte à côte,
Ne murmurent pas : Aimons!

» Viens, sois tendre, je suis ivre.
O les verts taillis mouillés!
Ton souffle te fera suivre
Des papillons réveillés.

» L'envieux oiseau nocturne,
Triste, ouvrira son œil rond;
Les nymphes, penchant leur urne,
Dans les grottes souriront;

» Et diront : « Sommes-nous folles!
» C'est Léandre avec Héro;
» En écoutant leurs paroles
» Nous laissons tomber notre eau. »

» Allons-nous-en par l'Autriche!
Nous aurons l'aube à nos fronts;
Je serai grand, et toi riche,
Puisque nous nous aimerons.

» Allons-nous-en par la terre,
Sur nos deux chevaux charmants,
Dans l'azur, dans le mystère,
Dans les éblouissements!

» Nous entrerons à l'auberge,
Et nous paîrons l'hôtelier
De ton sourire de vierge,
De mon bonjour d'écolier.

» Tu seras dame, et moi comte;
Viens, mon cœur s'épanouit;
Viens, nous conterons ce conte
Aux étoiles de la nuit. »

La mélodie encor quelques instants se traîne
Sous les arbres bleuis par la lune sereine,
Puis tremble, puis expire, et la voix qui chantait
S'éteint comme un oiseau se pose; tout se tait..

XII

Le grand Joss et le petit Zéno

Soudain, au seuil lugubre apparaissent trois têtes
Joyeuses, et d'où sort une lueur de fêtes;
Deux hommes, une femme en robe de drap d'or.
L'un des hommes paraît trente ans; l'autre est encor
Plus jeune, et, sur son dos, il porte en bandoulière
La guitare où s'enlace une branche de lierre;
Il est grand et blond; l'autre est petit, pâle et brun;
Ces hommes, qu'on dirait faits d'ombre et de parfum,
Sont beaux, mais le démon dans leur beauté grimace;
Avril a de ces fleurs où rampe une limace.

« Mon grand Joss, mon petit Zéno, venez ici.
Voyez. C'est effrayant. »

Celle qui parle ainsi

C'est madame Mahaud ; le clair de lune semble
Caresser sa beauté qui rayonne et qui tremble,
Comme si ce doux être était de ceux que l'air
Crée, apporte et remporte en un céleste éclair.

« Passer ici la nuit ! Certe, un trône s'achète !
Si vous n'étiez venus m'escorter en cachette,
Dit-elle, je serais vraiment morte de peur. »

La lune éclaire auprès du seuil, dans la vapeur,
Un des grands chevaliers adossés aux murailles.

« Comme je vous vendrais à l'encan ces ferrailles !
Dit Zéno ; je ferais, si j'étais le marquis,
De ce tas de vieux clous sortir des vins exquis,
Des galas, des tournois, des bouffons et des femmes. »

Et, frappant cet airain d'où sort le bruit des âmes,
Cette armure où l'on voit frémir le gantelet,
Calme et riant, il donne au sépulcre un soufflet.

« Laissez donc mes aïeux, dit Mahaud, qui murmure.
Vous êtes trop petit pour toucher cette armure. »

Zéno pâlit. Mais Joss : « Ça, des aïeux ! J'en ris.
Tous ces bonshommes noirs sont des nids de souris.
Pardieu ! pendant qu'ils ont l'air terrible, et qu'ils songent,
Écoutez, on entend le bruit des dents qui rongent.
Et dire qu'en effet autrefois tout cela
S'appelait Ottocar, Othon, Platon, Bela !
Hélas ! la fin n'est pas plaisante, et déconcerte.
Soyez donc ducs et rois ! je ne voudrais pas, certe,
Avoir été colosse, avoir été héros,
Madame, avoir empli de morts des tombereaux,
Pour que, sous ma farouche et fière bourguignotte,
Moi, prince et spectre, un rat paisible me grignote !

— C'est que ce n'est point là votre état, dit Mahaud.
Chantez, soit; mais ici ne parlez pas trop haut.

— Bien dit, reprend Zéno. C'est un lieu de prodiges.
Et, quant à moi, je vois des serpentes, des stryges,
Tout un fourmillement de monstres, s'ébaucher
Dans la brume qui sort des fentes du plancher. »

Mahaud frémit.

« Ce vin que l'abbé m'a fait boire,
Va bientôt m'endormir d'une façon très-noire ;
Jurez-moi de rester près de moi.

— J'en réponds, »
Dit Joss; et Zéno dit : « Je le jure. Soupons. »

XIII

Ils soupent

Et, riant et chantant, ils s'en vont vers la table.

« Je fais Joss chambellan et Zéno connétable. »
Dit Mahaud. Et tous trois causent, joyeux et beaux,
Elle sur le fauteuil, eux sur des escabeaux;
Joss mange, Zéno boit, Mahaud rêve. La feuille
N'a pas de bruit distinct qu'on note et qu'on recueille,
Ainsi va le babil sans forme et sans lien;
Joss par moment fredonne un chant tyrolien,
Et fait rire ou pleurer la guitare; les contes
Se mêlent aux gaîtés fraîches, vives et promptes.
Mahaud dit : « Savez-vous que vous êtes heureux?
— Nous sommes bien portants, jeunes, fous, amoureux;
C'est vrai. — De plus, tu sais le latin comme un prêtre,
Et Joss chante fort bien. — Oui, nous avons un maître

Qui nous donne cela par-dessus le marché.
— Quel est son nom? — Pour nous Satan, pour vous Péché ;
Dit Zéno, caressant jusqu'en sa raillerie.
— Ne riez pas ainsi, je ne veux pas qu'on rie.
Paix, Zéno ! Parle-moi, toi, Joss, mon chambellan.
— Madame, Viridis, comtesse de Milan,
Fut superbe ; Diane éblouissait le pâtre ;
Aspasie, Isabeau de Saxe, Cléopâtre,
Sont des noms devant qui la louange se tait ;
Rhodope fut divine; Érylésis était
Si belle, que Vénus, jalouse de sa gorge,
La traîna toute nue en la céleste forge
Et la fit sur l'enclume écraser par Vulcain ;
Eh bien, autant l'étoile éclipse le sequin,
Autant le temple éclipse un monceau de décombres,
Autant vous effacez toutes ces belles ombres !
Ces coquettes qui font des mines dans l'azur,
Les elfes, les péris, ont le front jeune et pur
Moins que vous, et pourtant le vent et ses bouffées
Les ont galamment d'ombre et de rayons coiffées.
— Flatteur, tu chantes bien, » dit Mahaud. Joss reprend :
« Si j'étais, sous le ciel splendide et transparent,
Ange, fille ou démon, s'il fallait que j'apprisse
La grâce, la gaîté, le rire et le caprice,
Altesse, je viendrais à l'école chez vous.
Vous êtes une fée aux yeux divins et doux,
Ayant pour un vil sceptre échangé sa baguette. »
Mahaud songe : « On dirait que ton regard me guette,

Tais-toi. Voyons, de vous tout ce que je connais,
C'est que Joss est Bohême et Zéno Polonais,
Mais vous êtes charmants ; et pauvres ; oui, vous l'êtes ;
Moi, je suis riche ; eh bien, demandez-moi, poëtes,
Tout ce que vous voudrez. — Tout ? Je vous prends au mot,
Répond Joss. Un baiser. — Un baiser ! dit Mahaud
Surprise en ce chanteur d'une telle pensée ;
Savez-vous qui je suis ? » Et fière et courroucée,
Elle rougit. Mais Joss n'est pas intimidé :
« Si je ne le savais, aurais-je demandé
Une faveur qu'il faut qu'on obtienne, ou qu'on prenne ?
Il n'est don que de roi ni baiser que de reine.
— Reine ! » et Mahaud sourit.

XIV

Après souper

Cependant, par degrés,
Le narcotique éteint ses yeux d'ombre enivrés ;
Zéno l'observe, un doigt sur la bouche ; elle penche
La tête, et, souriant, s'endort, sereine et blanche.

Zéno lui prend la main qui retombe.

« Elle dort !

Dit Zéno ; maintenant, vite, tirons au sort.
D'abord à qui l'état ? Ensuite, à qui la fille ? »

Dans ces deux profils d'homme un œil de tigre brille.

« Frère, dit Joss, parlons politique à présent.
La Mahaud dort et fait quelque rêve innocent ;
Nos griffes sont dessus. Nous avons cette folle.
L'ami de dessous terre est sûr et tient parole ;
Le hasard, grâce à lui, ne nous a rien ôté
De ce que nous avons construit et comploté ;
Tout nous a réussi. Pas de puissance humaine
Qui nous puisse arracher la femme et le domaine.
Concluons. Guerroyer, se chamailler pour rien,
Pour un oui, pour un non, pour un dogme arien
Dont le pape sournois rira dans la coulisse,
Pour quelque fille ayant une peau fraîche et lisse,
Des yeux bleus et des mains blanches comme le lait ;
C'était bon dans le temps où l'on se querellait
Pour la croix byzantine ou pour la croix latine,
Et quand Pépin tenait un synode à Leptine,
Et quand Rodolphe et Jean, comme deux hommes soûls,
Glaive au poing, s'arrachaient leur Agnès de deux sous ;

Aujourd'hui, tout est mieux et les mœurs sont plus douces;
Frère, on ne se met plus ainsi la guerre aux trousses,
Et l'on sait en amis régler un différend;
As-tu des dés?

— J'en ai.

— Celui qui gagne prend
Le marquisat; celui qui perd a la marquise.

— Bien.

— J'entends du bruit.

— Non, dit Zéno, c'est la bise
Qui souffle bêtement, et qu'on prend pour quelqu'un.
As-tu peur?

— Je n'ai peur de rien, que d'être à jeun,
Répond Joss, et sur moi que les gouffres s'écroulent!

— Finissons. Que le sort décide. »

Les dés roulent.

« Quatre. »

Joss prend les dés.

« Six. Je gagne tout net.
J'ai trouvé la Lusace au fond de ce cornet.
Dès demain, j'entre en danse avec tout mon orchestre.
Taxes partout. Payez. La corde ou le séquestre.
Des trompettes d'airain seront mes galoubets.
Les impôts, cela pousse en plantant des gibets. »

Zéno dit : « J'ai la fille. Eh bien, je le préfère.

— Elle est belle, dit Joss.

— Pardieu !

— Qu'en vas-tu faire ?

— Un cadavre. »

Et Zéno reprend :

« En vérité,
La créature m'a tout à l'heure insulté.
Petit ! voilà le mot qu'a dit cette femelle.
Si l'enfer m'eût crié, béant sous ma semelle,
Dans la sombre minute où je tenais les dés :
« Fils, les hasards ne sont pas encor décidés ;
» Je t'offre le gros lot : la Lusace aux sept villes ;
» Je t'offre dix pays de blés, de vins et d'huiles,
» A ton choix, ayant tous leur peuple diligent ;
» Je t'offre la Bohême et ses mines d'argent,

» Ce pays le plus haut du monde, ce grand antre
» D'où plus d'un fleuve sort, où pas un ruisseau n'entre;
» Je t'offre le Tyrol aux monts d'azur remplis,
» Et je t'offre la France avec les fleurs de lys;
» Qu'est-ce que tu choisis? » J'aurais dit: « La vengeance. »
Et j'aurais dit: « Enfer, plutôt que cette France,
» Et que cette Bohême, et ce Tyrol si beau,
» Mets à mes ordres l'ombre et les vers du tombeau! »
Mon frère, cette femme, absurdement marquise
D'une marche terrible où tout le Nord se brise,
Et qui, dans tous les cas, est pour nous un danger,
Ayant été stupide au point de m'outrager,
Il convient qu'elle meure; et puis, s'il faut tout dire,
Je l'aime; et la lueur que de mon cœur je tire,
Je la tire du tien: tu l'aimes aussi, toi.
Frère, en faisant ici, chacun dans notre emploi,
Les bohêmes, pour mettre à fin cette équipée,
Nous sommes devenus, près de cette poupée,
Niais, toi comme un page, et moi comme un barbon,
Et, de galants pour rire, amoureux pour de bon;
Oui, nous sommes tous deux épris de cette femme;
Or, frère, elle serait entre nous une flamme;
Tôt ou tard, et, malgré le bien que je te veux,
Elle nous mènerait à nous prendre aux cheveux;
Vois-tu, nous finirions par rompre notre pacte.
Nous l'aimons. Tuons-la.

— Ta logique est exacte,

Dit Joss rêveur ; mais quoi, du sang ici ? »

Zéno
Pousse un coin de tapis, tâte, prend un anneau,
Le tire, et le plancher se soulève ; un abîme
S'ouvre ; il en sort de l'ombre ayant l'odeur du crime ;
Joss marche vers la trappe, et, les yeux dans les yeux,
Zéno muet la montre à Joss silencieux ;
Joss se penche, approuvant de la tête le gouffre.

XV

Les oubliettes

S'il sortait de ce puits une lueur de soufre,
On dirait une bouche obscure de l'enfer.
La trappe est large assez pour qu'en un brusque éclair
L'homme étonné qu'on pousse y tombe à la renverse ;
On distingue les dents sinistres d'une herse,
Et, plus bas, le regard flotte dans de la nuit ;
Le sang sur les parois fait un rougeâtre enduit ;

L'Épouvante est au fond de ce puits toute nue ;
On sent qu'il pourrit là de l'histoire inconnue ;
Et que ce vieux sépulcre, oublié maintenant,
Cuve du meurtre, est plein de larves se traînant,
D'ombres tâtant le mur et de spectres reptiles.

« Nos aïeux ont parfois fait des choses utiles, »
Dit Joss. Et Zéno dit : « Je connais le château ;
Ce que le mont Corbus cache sous son manteau,
Nous le savons, l'orfraie et moi ; cette bâtisse
Est vieille ; on y rendait autrefois la justice.

— Es-tu sûr que Mahaud ne se réveille point ?

— Son œil est clos ainsi que je ferme mon poing ;
Elle dort d'une sorte âpre et surnaturelle,
L'obscure volonté du philtre étant sur elle.

— Elle s'éveillera demain au point du jour ?

— Dans l'ombre.

— Et que va dire ici toute la cour

Quand, au lieu d'une femme, ils trouveront deux hommes?

— Tous se prosterneront en sachant qui nous sommes.

— Où va cette oubliette?

— Aux torrents, aux corbeaux,
Au néant. Finissons. »

Ces hommes, jeunes, beaux,
Charmants, sont à présent difformes, tant s'efface
Sous la noirceur du cœur le rayon de la face,
Tant l'homme est transparent à l'enfer qui l'emplit.
Ils s'approchent : Mahaud dort comme dans un lit.

« Allons ! »

Joss la saisit sous les bras, et dépose
Un baiser monstrueux sur cette bouche rose ;
Zéno, penché devant le grand fauteuil massif,
Prend ses pieds endormis et charmants ; et, lascif,
Lève la robe d'or jusqu'à la jarretière.

Le puits, comme une fosse au fond d'un cimetière,
Est là béant.

XVI

Ce qu'ils font devient plus difficile à faire

Portant Mahaud, qui dort toujours,
Ils marchent lents, courbés, en silence, à pas sourds,
Zéno tourné vers l'ombre et Joss vers la lumière ;
La salle aux yeux de Joss apparaît tout entière ;
Tout à coup il s'arrête, et Zéno dit : « Eh bien ? »
Mais Joss est effrayant ; pâle, il ne répond rien
Et fait signe à Zéno, qui regarde en arrière... —
Tous deux semblent changés en deux spectres de pierre ;
Car tous deux peuvent voir, là, sous un cintre obscur,
Un des grands chevaliers rangés le long du mur
Qui se lève et descend de cheval ; ce fantôme,
Tranquille sous le masque horrible de son heaume,
Vient vers eux, et son pas fait trembler le plancher :
On croit entendre un dieu de l'abîme marcher ;
Entre eux et l'oubliette, il vient barrer l'espace,
Et dit, le glaive haut et la visière basse,
D'une voix sépulcrale et lente comme un glas :
« Arrête, Sigismond ! Arrête, Ladislas ! »

Tous deux laissent tomber la marquise, de sorte
Qu'elle gît à leurs pieds et paraît une morte.

La voix de fer parlant sous le grillage noir
Reprend, pendant que Joss blêmit, lugubre à voir,
Et que Zéno chancelle ainsi qu'un mât qui sombre :

« Hommes qui m'écoutez, il est un pacte sombre
Dont tout l'univers parle et que vous connaissez;
Le voici : « Moi, Satan, dieu des cieux éclipsés,
» Roi des jours ténébreux, prince des vents contraires,
» Je contracte alliance avec mes deux bons frères,
» L'empereur Sigismond et le roi Ladislas ;
» Sans jamais m'absenter ni dire : Je suis las,
» Je les protégerai dans toute conjoncture;
» De plus, je cède, en libre et pleine investiture,
» Étant seigneur de l'onde et souverain du mont,
» La mer à Ladislas, la terre à Sigismond,
» A la condition que, si je le réclame,
» Le roi m'offre sa tête et l'empereur son âme. »

—Serait-ce lui? dit Joss. Spectre aux yeux fulgurants,
Es-tu Satan?

— Je suis plus et moins. Je ne prends

Que vos têtes, ô rois des crimes et des trames,
Laissant sous l'ongle noir se débattre vos âmes. »

Ils se regardent, fous, brisés, courbant le front,
Et Zéno dit à Joss : « Hein ! qu'est-ce que c'est donc? »

Joss bégaye : « Oui, la nuit nous tient. Pas de refuge.
De quelle part viens-tu? Qu'es-tu, spectre?

— Le juge.

— Grâce ! »

La voix reprend :

« Dieu conduit par la main
Le vengeur en travers de votre affreux chemin :
L'heure où vous existiez est une heure sonnée ;
Rien ne peut plus bouger dans votre destinée ;
L'épée inébranlable et calme est dans le joint.
Oui, je vous regardais. Vous ne vous doutiez point
Que vous aviez sur vous l'œil fixe de la peine ;
Et que quelqu'un savait dans cette ombre malsaine
Que Joss fût kayser et que Zéno fût roi.
Vous venez de parler tout à l'heure, pourquoi?
Tout est dit. Vos forfaits sont sur vous, incurables,
N'espérez rien. Je suis l'abîme, ô misérables !

Ah ! Ladislas est roi, Sigismond est césar ;
Dieu n'est bon qu'à servir de roue à votre char ;
Toi, tu tiens la Pologne avec ses villes fortes ;
Toi, Milan t'a fait duc, Rome empereur, tu portes
La couronne de fer et la couronne d'or ;
Toi, tu descends d'Hercule, et toi, de Spartibor ;
Vos deux tiares sont les deux lueurs du monde ;
Tous les monts de la terre et tous les flots de l'onde
Ont, altiers ou tremblants, vos deux ombres sur eux ;
Vous êtes les jumeaux du grand vertige heureux ;
Vous avez la puissance et vous avez la gloire ;
Mais, sous ce ciel de pourpre et sous ce dais de moire,
Sous cette inaccessible et haute dignité,
Sous cet arc de triomphe au cintre illimité,
Sous ce royal pouvoir, couvert de sacrés voiles,
Sous ces couronnes, tas de perles et d'étoiles,
Sous tous ces grands exploits, prompts, terribles, fougueux,
Sigismond est un monstre et Ladislas un gueux !
O dégradation du sceptre et de l'épée !
Noire main de justice aux cloaques trempée !
Devant l'hydre, le seuil du temple ouvre ses gonds,
Et le trône est un siége aux croupes des dragons !
Siècle infâme ! ô grand ciel étoilé, que de honte !
Tout rampe ; pas un front où le rouge ne monte ;
C'est égal, on se tait, et nul ne fait un pas.
O peuple, million et million de bras,
Toi, que tous ces rois-là mangent et déshonorent,
Toi, que Leurs Majestés les vermines dévorent,

Est-ce que tu n'as pas des ongles, vil troupeau,
Pour ces démangeaisons d'empereurs sur ta peau !
Du reste, en voilà deux de pris ; deux âmes telles
Que l'enfer même rêve étonné devant elles !
Sigismond, Ladislas, vous étiez triomphants,
Splendides, inouïs, prospères, étouffants ;
Le temps d'être punis arrive ; à la bonne heure.
Ah ! le vautour larmoie et le caïman pleure.
J'en ris. Je trouve bon qu'à de certains instants,
Les princes, les heureux, les forts, les éclatants,
Les vainqueurs, les puissants, tous les bandits suprêmes,
A leurs fronts cerclés d'or, chargés de diadèmes,
Sentent l'âpre sueur de Josaphat monter.
Il est doux de voir ceux qui hurlaient, sangloter.
La peur après le crime ; après l'affreux, l'immonde.
C'est bien. Dieu tout-puissant ! quoi, des maîtres du monde,
C'est ce que, dans la cendre et sous mes pieds, j'ai là !
Quoi, ceci règne ! Quoi, c'est un césar, cela !
En vérité, j'ai honte, et mon vieux cœur se serre
De les voir se courber plus qu'il n'est nécessaire.
Finissons. Ce qui vient de se passer ici,
Princes, veut un linceul promptement épaissi ;
Ces mêmes dés hideux qui virent le Calvaire,
Ont roulé, dans mon ombre indignée et sévère,
Sur une femme, après avoir roulé sur Dieu.
Vous avez joué là, rois, un lugubre jeu.
Mais, soit. Je ne vais pas perdre à de la morale
Ce moment que remplit la brume sépulcrale.

Vous ne voyez plus clair dans vos propres chemins,
Et vos doigts ne sont plus assez des doigts humains
Pour qu'ils puissent tâter vos actions funèbres;
A quoi bon présenter le miroir aux ténèbres ?
A quoi bon vous parler de ce que vous faisiez?
Boire de l'ombre, étant de nuit rassasiés,
C'est ce que vous avez l'habitude de faire,
Rois, au point de ne plus sentir dans votre verre
L'odeur des attentats et le goût des forfaits.
Je vous dis seulement que ce vil portefaix,
Votre siècle, commence à trouver vos altesses
Lourdes d'iniquités et de scélératesses;
Il est las, c'est pourquoi je vous jette au monceau
D'ordures que des ans emporte le ruisseau!
Ces jeunes gens penchés sur cette jeune fille,
J'ai vu cela! Dieu bon, sont-ils de la famille
Des vivants, respirant sous ton clair horizon?
Sont-ce des hommes? Non. Rien qu'à voir la façon
Dont votre lèvre touche aux vierges endormies,
Princes, on sent en vous des goules, des lamies,
D'affreux êtres sortis des cercueils soulevés.
Je vous rends à la nuit. Tout ce que vous avez
De la face de l'homme est un mensonge infâme;
Vous avez quelque bête effroyable au lieu d'âme;
Sigismond l'assassin, Ladislas le forban,
Vous êtes des damnés en rupture de ban;
Donc lâchez les vivants et lâchez les empires!
Hors du trône, tyrans! à la tombe, vampires!

Chiens du tombeau, voici le sépulcre. Rentrez. »

Et son doigt est tourné vers le gouffre.

Atterrés,

Ils s'agenouillent.

« Oh! dit Sigismond, fantôme,
Ne nous emmène pas dans ton morne royaume!
Nous t'obéirons. Dis, qu'exiges-tu de nous?
Grâce! »

Et le roi dit : « Vois, nous sommes à genoux,
Spectre! »

Une vieille femme a la voix moins débile.

La figure qui tient l'épée est immobile,
Et se tait, comme si cet être souverain
Tenait conseil en lui sous son linceul d'airain;
Tout à coup, élevant sa voix grave et hautaine :

« Princes, votre façon d'être lâches me gêne.
Je suis homme et non spectre. Allons, debout! mon bras

Est le bras d'un vivant ; il ne me convient pas
De faire une autre peur que celle où j'ai coutume.
Je suis Eviradnus. »

XVII

La massue

Comme sort de la brume
Un sévère sapin, vieilli dans l'Appenzell,
A l'heure où le matin au souffle universel
Passe, des bois profonds balayant la lisière,
Le preux ouvre son casque, et hors de la visière
Sa longue barbe blanche et tranquille apparaît.

Sigismond s'est dressé comme un dogue en arrêt ;
Ladislas bondit, hurle, ébauche une huée,
Grince des dents et rit, et, comme la nuée
Résume en un éclair le gouffre pluvieux,
Toute sa rage éclate en ce cri : C'est un vieux !

Le grand chevalier dit, regardant l'un et l'autre :
« Rois, un vieux de mon temps vaut deux jeunes du vôtre.
Je vous défie à mort, laissant à votre choix
D'attaquer l'un sans l'autre ou tous deux à la fois ;
Prenez au tas quelque arme ici qui vous convienne ;
Vous êtes sans cuirasse et je quitte la mienne ;
Car le châtiment doit lui-même être correct. »

Eviradnus n'a plus que sa veste d'Utrecht.

Pendant que, grave et froid, il déboucle sa chape,
Ladislas, furtif, prend un couteau sur la nappe,
Se déchausse, et, rapide et bras levé, pieds nus,
Il se glisse en rampant derrière Eviradnus ;
Mais Eviradnus sent qu'on l'attaque en arrière,
Se tourne, empoigne et tord la lame meurtrière,
Et sa main colossale étreint comme un étau
Le cou de Ladislas, qui lâche le couteau :
Dans l'œil du nain royal on voit la mort paraître.

« Je devrais te couper les quatre membres, traître,
Et te laisser ramper sur tes moignons sanglants.
Tiens, dit Eviradnus, meurs vite ! »

Et sur ses flancs

Le roi s'affaisse, et, blême et l'œil hors de l'orbite,
Sans un cri, tant la mort formidable est subite,
Il expire.

L'un meurt, mais l'autre s'est dressé.
Le preux, en délaçant sa cuirasse, a posé
Sur un banc son épée, et Sigismond l'a prise.

Le jeune homme effrayant rit de la barbe grise;
L'épée au poing, joyeux, assassin rayonnant,
Croisant les bras, il crie : « A mon tour maintenant! »
Et les noirs chevaliers, juges de cette lice,
Peuvent voir, à deux pas du fatal précipice,
Près de Mahaud, qui semble un corps inanimé,
Eviradnus sans arme et Sigismond armé.
Le gouffre attend. Il faut que l'un des deux y tombe.

« Voyons un peu sur qui va se fermer la tombe,
Dit Sigismond. C'est toi le mort! c'est toi le chien! »

Le moment est funèbre; Eviradnus sent bien
Qu'avant qu'il ait choisi dans quelque armure un glaive,
Il aura dans les reins la pointe qui se lève;
Que faire? Tout à coup sur Ladislas gisant
Son œil tombe; il sourit terrible, et, se baissant

De l'air d'un lion pris qui trouve son issue :
« Hé ! dit-il, je n'ai pas besoin d'autre massue ! »
Et, prenant aux talons le cadavre du roi,
Il marche à l'empereur, qui chancelle d'effroi ;
Il brandit le roi mort comme une arme, il en joue,
Il tient dans ses deux poings les deux pieds, et secoue
Au-dessus de sa tête, en murmurant : Tout beau !
Cette espèce de fronde horrible du tombeau,
Dont le corps est la corde et la tête la pierre.
Le cadavre éperdu se renverse en arrière,
Et les bras disloqués font des gestes hideux.

Lui, crie : « Arrangez-vous, princes, entre vous deux.
Si l'enfer s'éteignait, dans l'ombre universelle,
On le rallumerait, certe, avec l'étincelle
Qu'on peut tirer d'un roi heurtant un empereur. »

Sigismond, sous ce mort qui plane, ivre d'horreur,
Recule, sans la voir, vers la lugubre trappe ;
Soudain le mort s'abat et le cadavre frappe... —
Eviradnus est seul. Et l'on entend le bruit
De deux spectres tombant ensemble dans la nuit.
Le preux se courbe au seuil du puits, son œil y plonge,
Et, calme, il dit tout bas, comme parlant en songe :
« C'est bien ! disparaissez, le tigre et le chacal ! »

XVII

Le jour reparaît

Il reporte Mahaud sur le fauteuil ducal,
Et, de peur qu'au réveil elle ne s'inquiète,
Il referme sans bruit l'infernale oubliette;
Puis remet tout en ordre autour de lui, disant :

« La chose n'a pas fait une goutte de sang;
C'est mieux. »

Mais, tout à coup, la cloche au loin éclate;
Les monts gris sont bordés d'un long fil écarlate;
Et voici que, portant des branches de genêt,
Le peuple vient chercher sa dame; l'aube naît.
Les hameaux sont en branle, on accourt, et, vermeille,
Mahaud, en même temps que l'aurore, s'éveille;
Elle pense rêver, et croit que le brouillard
A pris ces jeunes gens pour en faire un vieillard,

Et les cherche des yeux, les regrettant peut-être ;
Eviradnus salue, et le vieux vaillant maître,
S'approchant d'elle avec un doux sourire ami :
« Madame, lui dit-il, avez-vous bien dormi ? »

VI

LES TRONES D'ORIENT

I

ZIM-ZIZIMI

*

Zim-Zizimi, soudan d'Égypte, commandeur
Des croyants, padischah qui dépasse en grandeur
Le césar d'Allemagne et le sultan d'Asie,
Maître que la splendeur énorme rassasie,
Songe : c'est le moment de son festin du soir ;
Toute la table fume ainsi qu'un encensoir ;
Le banquet est dressé dans la plus haute crypte
D'un grand palais bâti par les vieux rois d'Égypte ;

Les plafonds sont dorés et les piliers sont peints ;
Les buffets sont chargés de viandes et de pains,
Et de tout ce que peut rêver la faim humaine ;
Un roi mange en un jour plus qu'en une semaine
Le peuple d'Ispahan, de Byzance et de Tyr ;
Et c'est l'art des valets que de faire aboutir
La mamelle du monde à la bouche d'un homme ;
Tous les mets qu'on choisit, tous les vins qu'on renomme,
Sont là, car le sultan Zizimi boit du vin ;
Il rit du livre austère et du texte divin
Que le derviche triste, humble et pâle, vénère ;
L'homme sobre est souvent cruel, et, d'ordinaire,
L'économe de vin est prodigue de sang ;
Mais Zim est à la fois ivrogne et malfaisant.

Ce qui n'empêche pas qu'il ne soit plein de gloire.
Il règne ; il a soumis la vieille Afrique noire ;
Il règne par le sang, la guerre et l'échafaud ;
Il tient l'Asie ainsi qu'il tient l'Afrique ; il faut
Que celui qui veut fuir son empire, s'exile
Au nord, en Thrace, au sud, jusqu'au fleuve Baxile ;
Toujours vainqueur, fatal, fauve, il a pour vassaux
Les batailles, les camps, les clairons, les assauts ;
L'aigle en l'apercevant crie et fuit dans les roches.
Les rajahs de Mysore et d'Agra sont ses proches,
Ainsi qu'Omar qui dit : « Grâce à moi, Dieu vaincra. »
Son oncle est Hayraddin, sultan de Bassora,

Les grands cheiks du désert sont tous de sa famille,
Le roi d'Oude est son frère, et l'épée est sa fille.

Il a dompté Bagdad, Trébizonde, et Mossul,
Que conquit le premier Duilius, ce consul
Qui marchait précédé de flûtes tibicines;
Il a soumis Gophna, les forêts abyssines,
L'Arabie, où l'aurore a d'immenses rougeurs,
Et l'Hedjaz, où, le soir, les tremblants voyageurs,
De la nuit autour d'eux sentant rôder les bêtes,
Allument de grands feux, tiennent leurs armes prêtes,
Et se brûlent un doigt pour ne pas s'endormir;
Mascate et son iman, la Mecque et son émir,
Le Liban, le Caucase et l'Atlas font partie
De l'ombre de son trône, ainsi que la Scythie,
Et l'eau de Nagaïn et le sable d'Ophir,
Et le Sahara fauve, où l'oiseau vert asfir,
Vient becqueter la mouche aux pieds des dromadaires;
Pareils à des vautours forcés de changer d'aires,
Devant lui, vingt sultans, reculant hérissés,
Se sont dans la fournaise africaine enfoncés;
Quand il étend son sceptre, il touche aux âpres zones
Où luit la nudité des fières amazones;
En Grèce, il fait lutter chrétiens contre chrétiens,
Les chiens contre les porcs, les porcs contre les chiens;
Tout le craint; et sa tête est de loin saluée
Par le lama debout dans la sainte nuée,

Et son nom fait pâlir parmi les Kassburdars
Le sophi devant qui flottent sept étendards;
Il règne; et le morceau qu'il coupe de la terre
S'agrandit chaque jour sous son noir cimeterre;
Il foule les cités, les achète, les vend,
Les dévore; à qui sont les hommes, Dieu vivant?
A lui, comme la paille est au bœuf dans l'étable.

*

Cependant, il s ennuie. Il est seul à sa table,
Le trône ne pouvant avoir de conviés;
Grandeur, bonheur, les biens par la foule enviés,
L'alcôve où l'on s'endort, le sceptre où l'on s'appuie,
Il a tout; c'est pourquoi ce tout-puissant s'ennuie;
Ivre, il est triste.

Il vient d'épuiser les plaisirs;
Il a donné son pied à baiser aux vizirs;
Sa musique a joué les fanfares connues;
Des femmes ont dansé devant lui toutes nues;
Il s'est fait adorer par un tas prosterné
De cheiks et d'ulémas décrépits, étonné
Que la barbe fût blanche alors que l'âme est vile;
Il s'est fait amener, des prisons de la ville,

Deux voleurs qui se sont traînés à ses genoux,
Criant grâce, implorant l'homme maître de tous,
Agitant à leurs poings de pesantes ferrailles,
Et, curieux de voir s'échapper leurs entrailles,
Il leur a lentement lui-même ouvert le flanc;
Puis il a renvoyé ses esclaves, bâillant.

Zim regarde, en sa molle et hautaine attitude,
Cherchant à qui parler dans cette solitude.

*

Le trône où Zizimi s'accoude est soutenu
Par dix sphinx au front ceint de roses, au flanc nu;
Tous sont en marbre blanc; tous tiennent une lyre;
L'énigme dans leurs yeux semble presque sourire;
Chacun d'eux porte un mot sur sa tête sculpté,
Et ces dix mots sont : Gloire, Amour, Jeu, Volupté,
Santé, Bonheur, Beauté, Grandeur, Victoire, Joie.

Et le sultan s'écrie :

« O sphinx dont l'œil flamboie,

Je suis le Conquérant; mon nom est établi
Dans l'azur des cieux, hors de l'ombre et de l'oubli;
Et mon bras porte un tas de foudres qu'il secoue;
Mes exploits fulgurants passent comme une roue;
Je vis; je ne suis pas ce qu'on nomme un mortel;
Mon trône vieillissant se transforme en autel;
Quand le moment viendra que je quitte la terre,
Étant le jour, j'irai rentrer dans la lumière;
Dieu dira : « Du sultan je veux me rapprocher. »
L'aube prendra son astre et viendra me chercher.
L'homme m'adore avec des faces d'épouvante;
L'Orgueil est mon valet, la Gloire est ma servante;
Elle se tient debout quand Zizimi s'assied;
Je dédaigne et je hais les hommes; et mon pied
Sent le mou de la fange en marchant sur leurs nuques.
A défaut des humains, tous muets, tous eunuques,
Tenez-moi compagnie, ô sphinx qui m'entourez
Avec vos noms joyeux sur vos têtes dorés,
Désennuyez le roi redoutable qui tonne;
Que ma splendeur en vous autour de moi rayonne;
Chantez-moi votre chant de gloire et de bonheur;
O trône triomphal dont je suis le seigneur,
Parle-moi! Parlez-moi, sphinx couronnés de roses! »

Alors les sphinx, avec la voix qui sort des choses,
Parlèrent : tels ces bruits qu'on entend en dormant.

*

LE PREMIER SPHINX

La reine Nitocris, près du clair firmament,
Habite le tombeau de la haute terrasse ;
Elle est seule, elle est triste ; elle songe à sa race,
A tous ces rois, terreur des Grecs et des Hébreux,
Durs, sanglants, et sortis de son flanc ténébreux ;
Au milieu de l'azur son sépulcre est farouche ;
Les oiseaux tombent morts quand leur aile le touche ;
Et la reine est muette, et les nuages font
Sur son royal silence un bruit sombre et profond.
Selon l'antique loi, nul vivant, s'il ne porte
Sur sa tête un corps mort, ne peut franchir la porte
Du tombeau, plein d'enfer et d'horreur pénétré.
La reine ouvre les yeux la nuit ; le ciel sacré
Apparaît à la morte à travers les pilastres ;
Son œil sinistre et fixe importune les astres ;
Et jusqu'à l'aube, autour des os de Nitocris,
Un flot de spectres passe avec de vagues cris.

LE DEUXIÈME SPHINX

Si grands que soient les rois, les pharaons, les mages
Qu'entoure une nuée éternelle d'hommages,
Personne n'est plus haut que Téglath-Phalasar.
Comme Dieu même, à qui l'étoile sert de char,
Il a son temple avec un prophète pour prêtre;
Ses yeux semblent de pourpre, étant les yeux du maître;
Tout tremble; et, sous son joug redouté, le héros
Tient les peuples courbés ainsi que des taureaux;
Pour les villes d'Assur que son pas met en cendre,
Il est ce que sera pour l'Asie Alexandre,
Il est ce que sera pour l'Europe Attila;
Il triomphe, il rayonne; et, pendant ce temps-là,
Sans savoir qu'à ses pieds toute la terre tombe,
Pour le mur qui sera la cloison de sa tombe,
Des potiers font sécher de la brique au soleil.

LE TROISIÈME SPHINX

Nemrod était un maître aux archanges pareil;

Son nom est sur Babel, la sublime masure;
Son sceptre altier couvrait l'espace qu'on mesure
De la mer du couchant à la mer du levant;
Baal le fit terrible à tout être vivant
Depuis le ciel sacré jusqu'à l'enfer immonde,
Ayant rempli ses mains de l'empire du monde.
Si l'on eût dit : « Nemrod mourra, » qui l'aurait cru?
Il vivait; maintenant cet homme a disparu.
Le désert est profond et le vent est sonore.

LE QUATRIÈME SPHINX

Chrem fut roi ; sa statue était d'or ; on ignore
La date de la fonte et le nom du fondeur;
Et nul ne pourrait dire à quelle profondeur
Ni dans quel sombre puits, ce pharaon sévère
Flotte, plongé dans l'huile, en son cercueil de verre.
Les rois triomphent, beaux, fiers, joyeux, courroucés,
Puissants, victorieux ; alors Dieu dit : « Assez ! »

Le temps, spectre debout sur tout ce qui s'écroule,
Tient et par moments tourne un sablier où coule
Une poudre qu'il a prise dans les tombeaux
Et ramassée aux plis des linceuls en lambeaux,

Et la cendre des morts mesure aux vivants l'heure.

Rois, le sablier tremble et la clepsydre pleure;
Pourquoi ? le savez-vous, rois ? C'est que chacun d'eux
Voit au delà de vous, ô princes hasardeux,
Le dedans du sépulcre et de la catacombe,
Et la forme que prend le trône dans la tombe.

LE CINQUIÈME SPHINX

Les quatre conquérants de l'Asie étaient grands;
Leurs colères roulaient ainsi que des torrents;
Quand ils marchaient, la terre oscillait sur son axe;
Thuras tenait le Phase, Ochus avait l'Araxe,
Gour la Perse, et le roi fatal, Phul-Bélézys,
Sur l'Inde monstrueuse et triste était assis;
Quand Cyrus les lia tous quatre à son quadrige,
L'Euphrate eut peur; Ninive, en voyant ce prodige,
Disait : « Quel est ce char étrange et radieux
Que traîne un formidable attelage de dieux ? »
Ainsi parlait le peuple, ainsi parlait l'armée;
Tout s'est évanoui, puisque tout est fumée.

LE SIXIÈME SPHINX

Cambyse ne fait plus un mouvement; il dort;
Il dort sans même voir qu'il pourrit; il est mort.
Tant que vivent les rois, la foule est à plat ventre;
On les contemple, on trouve admirable leur antre;
Mais, sitôt qu'ils sont morts, ils deviennent hideux,
Et n'ont plus que les vers pour ramper autour d'eux.
Oh! de Troie à Memphis, et d'Ecbatane à Tarse,
La grande catastrophe éternelle est éparse
Avec Pyrrhus le grand, avec Psamméticus!
Les rois vainqueurs sont morts plus que les rois vaincus;
Car la mort rit, et fait, quand sur l'homme elle monte,
Plus de nuit sur la gloire, hélas! que sur la honte.

LE SEPTIÈME SPHINX

La tombe où l'on a mis Bélus croule au désert;
Ruine, elle a perdu son mur de granit vert,
Et sa coupole, sœur du ciel, splendide et ronde;
Le pâtre y vient choisir des pierres pour sa fronde;

Celui qui, le soir, passe en ce lugubre champ
Entend le bruit que fait le chacal en mâchant ;
L'ombre en ce lieu s'amasse et la nuit est là toute ;
Le voyageur, tâtant de son bâton la voûte,
Crie en vain : « Est-ce ici qu'était le dieu Bélus? »
Le sépulcre est si vieux qu'il ne s'en souvient plus.

LE HUITIÈME SPHINX

Aménophis, Ephrée et Cherbron sont funèbres ;
Rhamsès est devenu tout noir dans les ténèbres ;
Les satrapes s'en vont dans l'ombre, ils s'en vont tous ;
L'ombre n'a pas besoin de clefs ni de verrous,
L'ombre est forte. La mort est la grande geôlière ;
Elle manie un dieu d'une main familière,
Et l'enferme ; les rois sont ses noirs prisonniers ;
Elle tient les premiers, elle tient les derniers ;
Dans une gaîne étroite elle a roidi leurs membres ;
Elle les a couchés dans de lugubres chambres
Entre des murs bâtis de cailloux et de chaux ;
Et, pour qu'ils restent seuls dans ces blêmes cachots,
Méditant sur leur sceptre et sur leur aventure,
Elle a pris de la terre et bouché l'ouverture.

LE NEUVIÈME SPHINX

Passants, quelqu'un veut-il voir Cléopâtre au lit?
Venez; l'alcôve est morne, une brume l'emplit;
Cléopâtre est couchée à jamais; cette femme
Fut l'éblouissement de l'Asie et la flamme
Que tout le genre humain avait dans le regard;
Quand elle disparut, le monde fut hagard;
Ses dents étaient de perle et sa bouche était d'ambre;
Les rois mouraient d'amour en entrant dans sa chambre;
Pour elle Ephractæus soumit l'Atlas, Sapor
Vint d'Osymandias saisir le cercle d'or,
Mamylos conquit Suse et Tentyris détruite,
Et Palmyre, et pour elle Antoine prit la fuite;
Entre elle et l'univers qui s'offraient à la fois
Il hésita, lâchant le monde dans son choix.
Cléopâtre égalait les Junons éternelles;
Une chaîne sortait de ses vagues prunelles;
O tremblant cœur humain, si jamais tu vibras,
C'est dans l'étreinte altière et douce de ses bras;
Son nom seul enivrait; Strophus n'osait l'écrire;
La terre s'éclairait de son divin sourire,
A force de lumière et d'amour, effrayant;
Son corps semblait mêlé d'azur; en la voyant,

Vénus, le soir, rentrait jalouse sous la nue;
Cléopâtre embaumait l'Égypte; toute nue,
Elle brûlait les yeux ainsi que le soleil;
Les roses enviaient l'ongle de son orteil;
O vivants, allez voir sa tombe souveraine;
Fière, elle était déesse et daignait être reine;
L'amour prenait pour arc sa lèvre aux coins moqueurs;
Sa beauté rendait fous les fronts, les sens, les cœurs,
Et plus que les lions rugissants était forte;
Mais bouchez-vous le nez si vous passez la porte.

LE DIXIÈME SPHINX

Que fait Sennachérib, roi plus grand que le sort?
Le roi Sennachérib fait ceci qu'il est mort.
Que fait Gad? Il est mort. Que fait Sardanapale?
Il est mort.

*

Le sultan écoutait, morne et pâle.

« Voilà de sombres voix, dit-il ; et je ferai
Dès demain jeter bas ce palais effaré
Où le démon répond quand on s'adresse aux anges. »

Il menaça du poing les sphinx aux yeux étranges.

*

Et son regard tomba sur sa coupe où brillait
Le vin semé de sauge et de feuilles d'œillet.

« Ah ! toi, tu sais calmer ma tête fatiguée;
Viens, ma coupe, dit-il. Ris, parle-moi, sois gaie.
Chasse de mon esprit ces nuages hideux.
Moi, le pouvoir, et toi, le vin, causons tous deux. »

La coupe étincelante, embaumée et fleurie,
Lui dit :

« Phur, roi soleil, avait Alexandrie ;
Il levait au-dessus de la mer son cimier;
Il tirait de son peuple orageux, le premier

D'Afrique après Carthage et du monde après Rome,
Des soldats plus nombreux que les rêves que l'homme
Voit dans la transparence obscure du sommeil;
Mais à quoi bon avoir été l'homme soleil?
Puisqu'on est le néant, que sert d'être le maître?
Que sert d'être calife ou mage? A quoi bon être
Un de ces pharaons, ébauches des sultans,
Qui, dans la profondeur ténébreuse des temps,
Jettent la lueur vague et sombre de leurs mitres?
A quoi bon être Arsès, Darius, Armamithres,
Cyaxare, Séthos, Dardanus, Dercylas,
Xercès, Nabonassar, Asar-addon, hélas!
On a des légions qu'à la guerre on exerce;
On est Antiochus, Chosroès, Artaxerce,
Sésostris, Annibal, Astyage, Sylla,
Achille, Omar, César, on meurt, sachez cela.
Ils étaient dans le bruit, ils sont dans le silence.
Vivants, quand le trépas sur un de vous s'élance,
Tout homme, quel qu'il soit, meurt tremblant; mais le roi
Du haut de plus d'orgueil tombe dans plus d'effroi;
Cet esprit plus noir trouve un juge plus farouche;
Pendant que l'âme fuit, le cadavre se couche,
Et se sent sous la terre opprimer et chercher
Par la griffe de l'arbre et le poids du rocher;
L'orfraie à son côté se tapit défiante;
Qu'est-ce qu'un sultan mort? Les taupes font leur fiente
Dans de la cendre à qui l'empire fut donné,
Et dans des ossements qui jadis ont régné;

Et les tombeaux des rois sont des trous à panthère. »

Zim, furieux, brisa la coupe contre terre.

*

Pour éclairer la salle, on avait apporté
Au centre de la table un flambeau d'or sculpté
A Sumatra, pays des orfévres célèbres;
Cette lampe splendide étoilait les ténèbres.

Zim lui parla :

« Voilà de la lumière au moins !
Les sphinx sont de la nuit les funèbres témoins ;
La coupe, étant toujours ivre, est à peu près folle ;
Mais, toi, flambeau, tu vis dans ta claire auréole ;
Tu jettes aux banquets un regard souriant ;
O lampe, où tu parais tu fais un orient ;
Quand tu parles, ta voix doit être un chant d'aurore ;
Dis-moi quelque chanson divine que j'ignore,
Parle-moi, ravis-moi, lampe du paradis !
Que la coupe et les sphinx monstrueux soient maudits ;

Car les sphinx ont l'œil faux, la coupe a le vin traître.»

Et la lampe parla sur cet ordre du maître :

« Après avoir eu Tyr, Babylone, Ilion,
Et pris Delphe à Thésée et l'Athos au lion,
Conquis Thèbe, et soumis le Gange tributaire,
Ninus le fratricide est perdu sous la terre;
Il est muré, selon le rite assyrien,
Dans un trou formidable où l'on ne voit plus rien.
Où? Qui le sait? Les puits sont noirs, la terre est creuse.
L'homme est devenu spectre. A travers l'ombre affreuse,
Si le regard de ceux qui sont vivants pouvait
Percer jusqu'au lit triste au lugubre chevet
Où gît ce roi, jadis éclair dans la tempête,
On verrait, à côté de ce qui fut sa tête,
Un vase de grès rouge, un doigt de marbre blanc;
Adam le trouverait à Caïn ressemblant.
La vipère frémit quand elle s'aventure
Jusqu'à cette effrayante et sombre pourriture;
Il est gisant; il dort; peut-être qu'il attend.

Par moments, la Mort vient dans sa tombe, apportant
Une cruche et du pain qu'elle dépose à terre;
Elle pousse du pied le dormeur solitaire,

Et lui dit : « Me voici, Ninus. Réveille-toi.
Je t'apporte à manger. Tu dois avoir faim, roi.
Prends. — Je n'ai plus de mains, répond le roi farouche.
— Allons, mange. » Et Ninus dit : « Je n'ai plus de bouche. »
Et la Mort, lui montrant le pain, dit : « Fils des dieux,
Vois ce pain. » Et Ninus répond : « Je n'ai plus d'yeux. »

*

Zim se dressa terrible, et, sur les dalles sombres
Que le festin couvrait de ses joyeux décombres,
Jeta la lampe d'or sculptée à Sumatra.
La lampe s'éteignit.

Alors la Nuit entra ;
Et Zim se trouva seul avec elle ; la salle,
Comme en une fumée obscure et colossale,
S'effaça ; Zim tremblait, sans gardes, sans soutiens :
La Nuit lui prit la main dans l'ombre, et lui dit : Viens.

II

1453

Les Turcs, devant Constantinople,
Virent un géant chevalier
A l'écu d'or et de sinople,
Suivi d'un lion familier.

Mahomet Deux, sous les murailles,
Lui cria : « Qu'es-tu ? » Le géant
Dit : « Je m'appelle Funérailles,
Et toi, tu t'appelles Néant.

» Mon nom sous le soleil est France.
Je reviendrai dans la clarté,
J'apporterai la délivrance,
J'amènerai la liberté.

» Mon armure est dorée et verte
Comme la mer sous le ciel bleu ;
Derrière moi l'ombre est ouverte ;
Le lion qui me suit, c'est Dieu. »

III

SULTAN MOURAD

I

Mourad, fils du sultan Bajazet, fut un homme
Glorieux, plus qu'aucun des Tibères de Rome;
Dans son sérail veillaient les lions accroupis,
Et Mourad en couvrit de meurtres les tapis;
On y voyait blanchir des os entre les dalles;
Un long fleuve de sang de dessous ses sandales
Sortait, et s'épandait sur la terre, inondant
L'Orient, et fumant dans l'ombre à l'Occident;

Il fit un tel carnage avec son cimeterre
Que son cheval semblait au monde une panthère;
Sous lui Smyrne et Tunis, qui regretta ses beys,
Furent comme des corps qui pendent aux gibets;
Il fut sublime; il prit, mêlant la force aux ruses,
Le Caucase aux Kirghis et le Liban aux Druses;
Il fit, après l'assaut, pendre les magistrats
D'Ephèse, et rouer vifs les prêtres de Patras;
Grâce à Mourad, suivi des victoires rampantes,
Le vautour essuyait son bec fauve aux charpentes
Du temple de Thésée encor pleines de clous;
Grâce à lui, l'on voyait dans Athènes des loups,
Et la ronce couvrait de sa verte tunique
Tous ces vieux pans de murs écroulés, Salonique,
Corinthe, Argos, Varna, Tyr, Didymotichos,
Où l'on n'entendait plus parler que les échos;
Mourad fut saint; il fit étrangler ses huit frères;
Comme les deux derniers, petits, cherchaient leurs mères
Et s'enfuyaient, avant de les faire mourir,
Tout autour de la chambre il les laissa courir;
Mourad, parmi la foule invitée à ses fêtes,
Passait, le cangiar à la main, et les têtes
S'envolaient de son sabre ainsi que des oiseaux;
Mourad, qui ruina Delphe, Ancyre et Naxos,
Comme on cueille un fruit mûr, tuait une province;
Il anéantissait le peuple avec le prince,
Les temples et les dieux, les rois et les donjons;
L'eau n'a pas plus d'essaims d'insectes dans ses joncs

Qu'il n'avait de rois morts et de spectres épiques
Volant autour de lui dans les forêts de piques ;
Mourad, fils étoilé des sultans triomphants,
Ouvrit, l'un après l'autre et vivants, douze enfants
Pour trouver dans leur ventre une pomme volée ;
Mourad fut magnanime ; il détruisit Élée,
Mégare et Famagouste avec l'aide d'Allah ;
Il effaça de terre Agrigente ; il brûla
Fiume et Rhode, voulant avoir des femmes blanches ;
Il fit scier son oncle Achmet entre deux planches
De cèdre, afin de faire honneur à ce vieillard ;
Mourad fut sage et fort ; son père mourut tard,
Mourad l'aida ; ce père avait laissé vingt femmes,
Filles d'Europe ayant dans leurs regards des âmes,
Ou filles de Tiflis au sein blanc, au teint clair ;
Sultan Mourad jeta ces femmes à la mer
Dans des sacs convulsifs que la houle profonde
Emporta, se tordant confusément sous l'onde ;
Mourad les fit noyer toutes ; ce fut sa loi ;
Et, quand quelque santon lui demandait pourquoi,
Il donnait pour raison : « C'est qu'elles étaient grosses. »
D'Aden et d'Erzeroum il fit de larges fosses,
Un charnier de Modon vaincue, et trois amas
De cadavres d'Alep, de Brousse et de Damas ;
Un jour, tirant de l'arc, il prit son fils pour cible,
Et le tua ; Mourad sultan fut invincible :
Vlad, boyard de Tarvis, appelé Belzébuth,
Refuse de payer au sultan le tribut,

Prend l'ambassade turque et la fait périr toute
Sur trente pals, plantés aux deux bords d'une route;
Mourad accourt, brûlant moissons, granges, greniers;
Bat le boyard, lui fait vingt mille prisonniers,
Puis, autour de l'immense et noir champ de bataille,
Bâtit un large mur tout en pierre de taille,
Et fait dans les créneaux, pleins d'affreux cris plaintifs,
Maçonner et murer les vingt mille captifs,
Laissant des trous par où l'on voit leurs yeux dans l'ombre;
Et part, après avoir écrit sur le mur sombre :
« Mourad, tailleur de pierre, à Vlad, planteur de pieux. »
Mourad était croyant, Mourad était pieux ;
Il brûla cent couvents de chrétiens en Eubée,
Où par hasard sa foudre était un jour tombée;
Mourad fut quarante ans l'éclatant meurtrier
Sabrant le monde, ayant Dieu sous son étrier;
Il eut le Rhamseïon et le Generalife;
Il fut le padischah, l'empereur, le calife,
Et les prêtres disaient : « Allah ! Mourad est grand. »

II

Législateur horrible et pire conquérant,
N'ayant autour de lui que des troupeaux infâmes,
De la foule, de l'homme en poussière, des âmes

D'où des langues sortaient pour lui lécher les pieds,
Loué pour ses forfaits toujours inexpiés,
Flatté par ses vaincus et baisé par ses proies,
Il vivait dans l'encens, dans l'orgueil, dans les joies,
Avec l'immense ennui du méchant adoré.

Il était le faucheur, la terre était le pré.

III

Un jour, comme il passait à pied dans une rue
A Bagdad, tête auguste au vil peuple apparue,
A l'heure où les maisons, les arbres et les blés
Jettent sur les chemins de soleil accablés
Leur frange d'ombre au bord d'un tapis de lumière,
Il vit, à quelques pas du seuil d'une chaumière,
Gisant à terre, un porc fétide qu'un boucher
Venait de saigner vif avant de l'écorcher;
Cette bête râlait devant cette masure;
Son cou s'ouvrait, béant d'une affreuse blessure;
Le soleil de midi brûlait l'agonisant;
Dans la plaie implacable et sombre dont le sang
Faisait un lac fumant à la porte du bouge,
Chacun de ses rayons entrait comme un fer rouge;

Comme s'ils accouraient à l'appel du soleil,
Cent moustiques suçaient la plaie au bord vermeil ;
Comme autour de leur nid voltigent les colombes,
Ils allaient et venaient, parasites des tombes,
Les pattes dans le sang, l'aile dans le rayon ;
Car la mort, l'agonie et la corruption,
Sont ici-bas le seul mystérieux désastre
Où la mouche travaille en même temps que l'astre ;
Le porc ne pouvait faire un mouvement, livré
Au féroce soleil, des mouches dévoré ;
On voyait tressaillir l'effroyable coupure ;
Tous les passants fuyaient loin de la bête impure ;
Qui donc eût eu pitié de ce malheur hideux ?
Le porc et le sultan étaient seuls tous les deux ;
L'un torturé, mourant, maudit, infect, immonde ;
L'autre, empereur, puissant, vainqueur, maître du monde,
Triomphant aussi haut que l'homme peut monter,
Comme si le destin eût voulu confronter
Les deux extrémités sinistres des ténèbres.
Le porc, dont un frisson agitait les vertèbres,
Râlait, triste, épuisé, morne ; et le padischah
De cet être difforme et sanglant s'approcha,
Comme on s'arrête au bord d'un gouffre qui se creuse ;
Mourad pencha son front vers la bête lépreuse,
Puis la poussa du pied dans l'ombre du chemin,
Et de ce même geste énorme et surhumain
Dont il chassait les rois, Mourad chassa les mouches.
Le porc mourant rouvrit ses paupières farouches,

Regarda d'un regard ineffable, un moment,
L'homme qui l'assistait dans son accablement;
Puis son œil se perdit dans l'immense mystère;
Il expira.

IV

Le jour où ceci sur la terre
S'accomplissait, voici ce que voyait le ciel :

C'était dans l'endroit calme, apaisé, solennel,
Où luit l'astre idéal sous l'idéal nuage,
Au delà de la vie, et de l'heure, et de l'âge,
Hors de ce qu'on appelle espace, et des contours
Des songes qu'ici-bas nous nommons nuits et jours;
Lieu d'évidence où l'âme enfin peut voir les causes,
Où, voyant le revers inattendu des choses,
On comprend, et l'on dit : « C'est bien ! » l'autre côté
De la chimère sombre étant la vérité;
Lieu blanc, chaste, où le mal s'évanouit et sombre.
L'étoile en cet azur semble une goutte d'ombre.

Ce qui rayonne là, ce n'est pas un vain jour
Qui naît et meurt, riant et pleurant tour à tour,

Jaillissant, puis rentrant dans la noirceur première;
Et, comme notre aurore, un sanglot de lumière;
C'est un grand jour divin, regardé dans les cieux
Par les soleils, comme est le nôtre par les yeux;
Jour pur, expliquant tout, quoiqu'il soit le problème;
Jour qui terrifierait, s'il n'était l'espoir même,
De toute l'étendue éclairant l'épaisseur,
Foudre par l'épouvante, aube par la douceur.
Là, toutes les beautés tonnent épanouies;
Là, frissonnent en paix les lueurs inouïes;
Là, les ressuscités ouvrent leur œil béni
Au resplendissement de l'éclair infini;
Là, les vastes rayons passent comme des ondes.

C'était sur le sommet du Sinaï des mondes;
C'était là.

Le nuage auguste, par moments,
Se fendait, et jetait des éblouissements.
Toute la profondeur entourait cette cime.

On distinguait, avec un tremblement sublime,
Quelqu'un d'inexprimable au fond de la clarté.

Et tout frémissait, tout, l'aube et l'obscurité,

Les anges, les soleils, et les êtres suprêmes,
Devant un vague front couvert de diadèmes.
Dieu méditait.

Celui qui crée et qui sourit,
Celui qu'en bégayant nous appelons Esprit,
Bonté, Force, Équité, Perfection, Sagesse,
Regarde devant lui, toujours, sans fin, sans cesse,
Fuir les siècles ainsi que des mouches d'été.
Car il est éternel avec tranquillité.

Et dans l'ombre hurlait tout un gouffre : la terre.

En bas, sous une brume épaisse, cette sphère
Rampait, monde lugubre où les pâles humains
Passaient et s'écroulaient et se tordaient les mains;
On apercevait l'Inde et le Nil, des mêlées
D'exterminations et de villes brûlées,
Et des champs ravagés et des clairons soufflant,
Et l'Europe livide ayant un glaive au flanc;
Des vapeurs de tombeau, des lueurs de repaire;
Cinq frères tout sanglants; l'oncle, le fils, le père;
Des hommes dans des murs, vivants, quoique pourris;
Des têtes voletant, mornes chauves-souris,
Autour d'un sabre nu, fécond en funérailles;
Des enfants éventrés soutenant leurs entrailles;

Et de larges bûchers fumaient, et des tronçons
D'êtres sciés en deux rampaient dans les tisons;
Et le vaste étouffeur des plaintes et des râles,
L'Océan, échouait dans les nuages pâles
D'affreux sacs noirs faisant des gestes effrayants;
Et ce chaos de fronts hagards, de pas fuyants,
D'yeux en pleurs, d'ossements, de larves, de décombres,
Ce brumeux tourbillon de spectres, et ces ombres
Secouant des linceuls, et tous ces morts, saignant
Au loin, d'un continent à l'autre continent,
Pendant aux pals, cloués aux croix, nus sur les claies,
Criaient, montrant leurs fers, leur sang, leurs maux, leurs plaies:

« C'est Mourad! c'est Mourad! justice, ô Dieu vivant! »

A ce cri, qu'apportait de toutes parts le vent,
Les tonnerres jetaient des grondements étranges,
Des flamboiements passaient sur les faces des anges,
Les grilles de l'enfer s'empourpraient, le courroux
En faisait remuer d'eux-mêmes les verrous,
Et l'on voyait sortir de l'abîme insondable
Une sinistre main qui s'ouvrait formidable;
« Justice! » répétait l'ombre; et le châtiment
Au fond de l'infini se dressait lentement.

Soudain, du plus profond des nuits, sur la nuée,
Une bête difforme, affreuse, exténuée,
Un être abject et sombre, un pourceau, s'éleva,
Ouvrant un œil sanglant qui cherchait Jéhovah;
La nuée apporta le porc dans la lumière,
A l'endroit même où luit l'unique sanctuaire,
Le saint des saints, jamais décru, jamais accru;
Et le porc murmura : « Grâce ! il m'a secouru. »
Le pourceau misérable et Dieu se regardèrent.

Alors, selon des lois que hâtent ou modèrent
Les volontés de l'Être effrayant qui construit
Dans les ténèbres l'aube et dans le jour la nuit,
On vit, dans le brouillard où rien n'a plus de forme,
Vaguement apparaître une balance énorme;
Cette balance vint d'elle-même, à travers
Tous les enfers béants, tous les cieux entr'ouverts,
Se placer sous la foule immense des victimes;
Au-dessus du silence horrible des abîmes,
Sous l'œil du seul vivant, du seul vrai, du seul grand,
Terrible, elle oscillait, et portait, s'éclairant
D'un jour mystérieux plus profond que le nôtre,
Dans un plateau le monde et le pourceau dans l'autre.

Du côté du pourceau la balance pencha.

V

Mourad, le haut calife et l'altier padischah,
En sortant de la rue où les gens de la ville
L'avaient pu voir toucher à cette bête vile,
Fut le soir même pris d'une fièvre, et mourut.

Le tombeau des soudans, bâti de jaspe brut,
Couvert d'orfévrerie, auguste, et dont l'entrée
Semble l'intérieur d'une bête éventrée
Qui serait tout en or et tout en diamants,
Ce monument, superbe entre les monuments,
Qui hérisse, au-dessus d'un mur de briques sèches,
Son faîte plein de tours comme un carquois de flèches,
Ce turbé que Bagdad montre encore aujourd'hui,
Reçut le sultan mort et se ferma sur lui.

Quand il fut là, gisant et couché sous la pierre,
Mourad ouvrit les yeux et vit une lumière;
Sans qu'on pût distinguer l'astre ni le flambeau,
Un éblouissement remplissait son tombeau;

Une aube s'y levait, prodigieuse et douce ;
Et sa prunelle éteinte eut l'étrange secousse
D'une porte de jour qui s'ouvre dans la nuit :
Il aperçut l'échelle immense qui conduit
Les actions de l'homme à l'œil qui voit les âmes ;
Et les clartés étaient des roses et des flammes ;
Et Mourad entendit une voix qui disait :

« Mourad, neveu d'Achmet et fils de Bajazet,
Tu semblais à jamais perdu ; ton âme infime
N'était plus qu'un ulcère et ton destin qu'un crime ;
Tu sombrais parmi ceux que le mal submergea ;
Déjà Satan était visible en toi ; déjà,
Sans t'en douter, promis aux tourbillons funèbres
Des spectres sous la voûte infâme des ténèbres,
Tu portais sur ton dos les ailes de la nuit ;
De ton pas sépulcral l'enfer guettait le bruit ;
Autour de toi montait, par ton crime attirée,
L'obscurité du gouffre ainsi qu'une marée ;
Tu penchais sur l'abîme où l'homme est châtié ;
Mais tu viens d'avoir, monstre, un éclair de pitié ;
Une lueur suprême et désintéressée
A, comme à ton insu, traversé ta pensée,
Et je t'ai fait mourir dans ton bon mouvement ;
Il suffit, pour sauver même l'homme inclément,
Même le plus sanglant des bourreaux et des maîtres,
Du moindre des bienfaits sur le dernier des êtres ;

Un seul instant d'amour rouvre l'Éden fermé ;
Un pourceau secouru pèse un monde opprimé ;
Viens ! le ciel s'offre, avec ses étoiles sans nombre,
En frémissant de joie, à l'évadé de l'ombre !
Viens ! tu fus bon un jour, sois à jamais heureux.
Entre, transfiguré ! tes crimes ténébreux,
O roi, derrière toi s'effacent dans les gloires ;
Tourne la tête, et vois blanchir tes ailes noires. »

FIN DU TOME PREMIER

TABLE

TABLE

DU TOME PREMIER

I

D'ÈVE A JÉSUS

II

DÉCADENCE DE ROME

III

L'ISLAM

IV

LE CYCLE HÉROIQUE CHRÉTIEN

V

LES CHEVALIERS ERRANTS

VI

LES TRONES D'ORIENT

PARIS. — IMPRIMERIE DE J. CLAYE, RUE SAINT-BENOIT, 7.

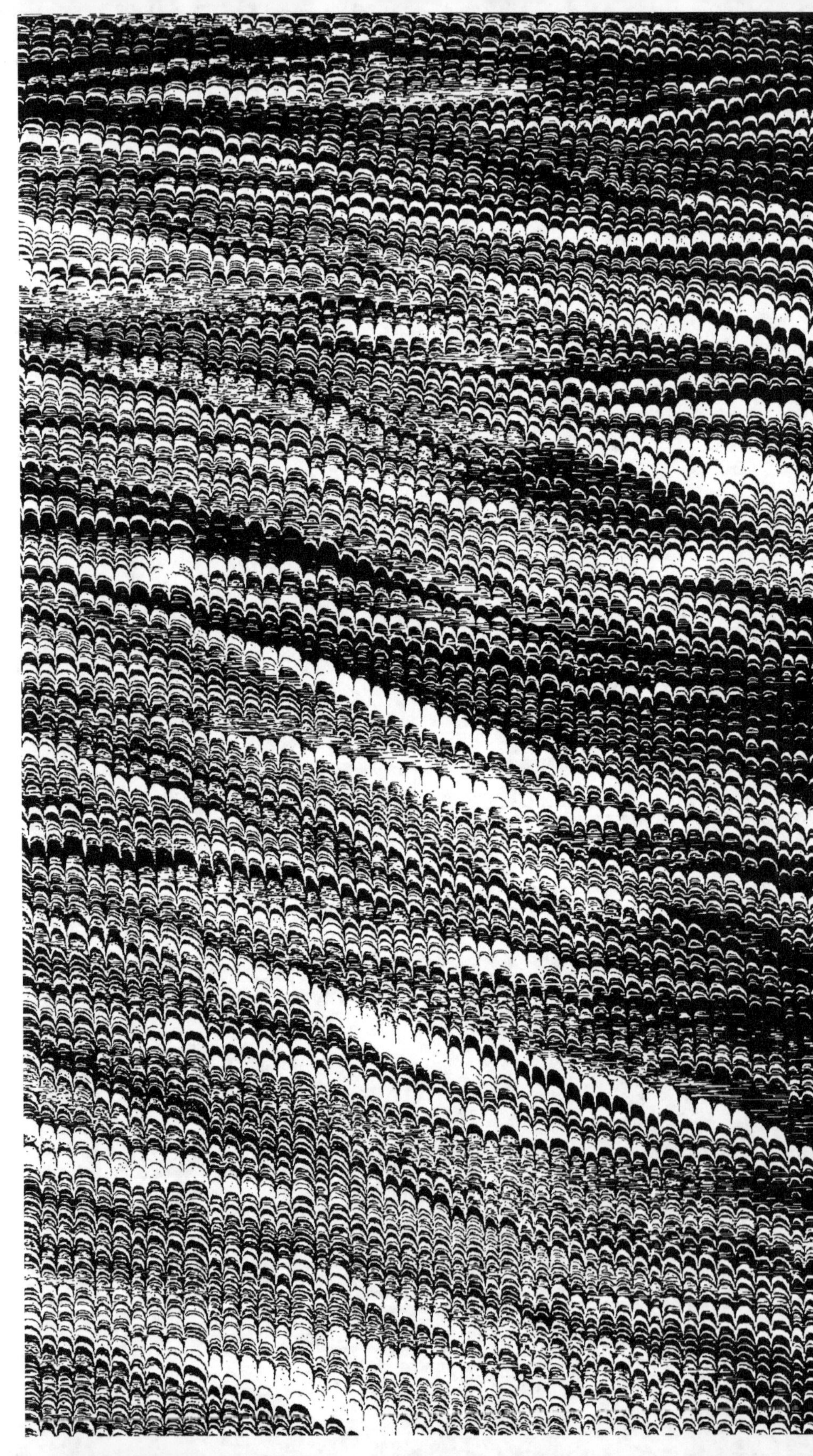

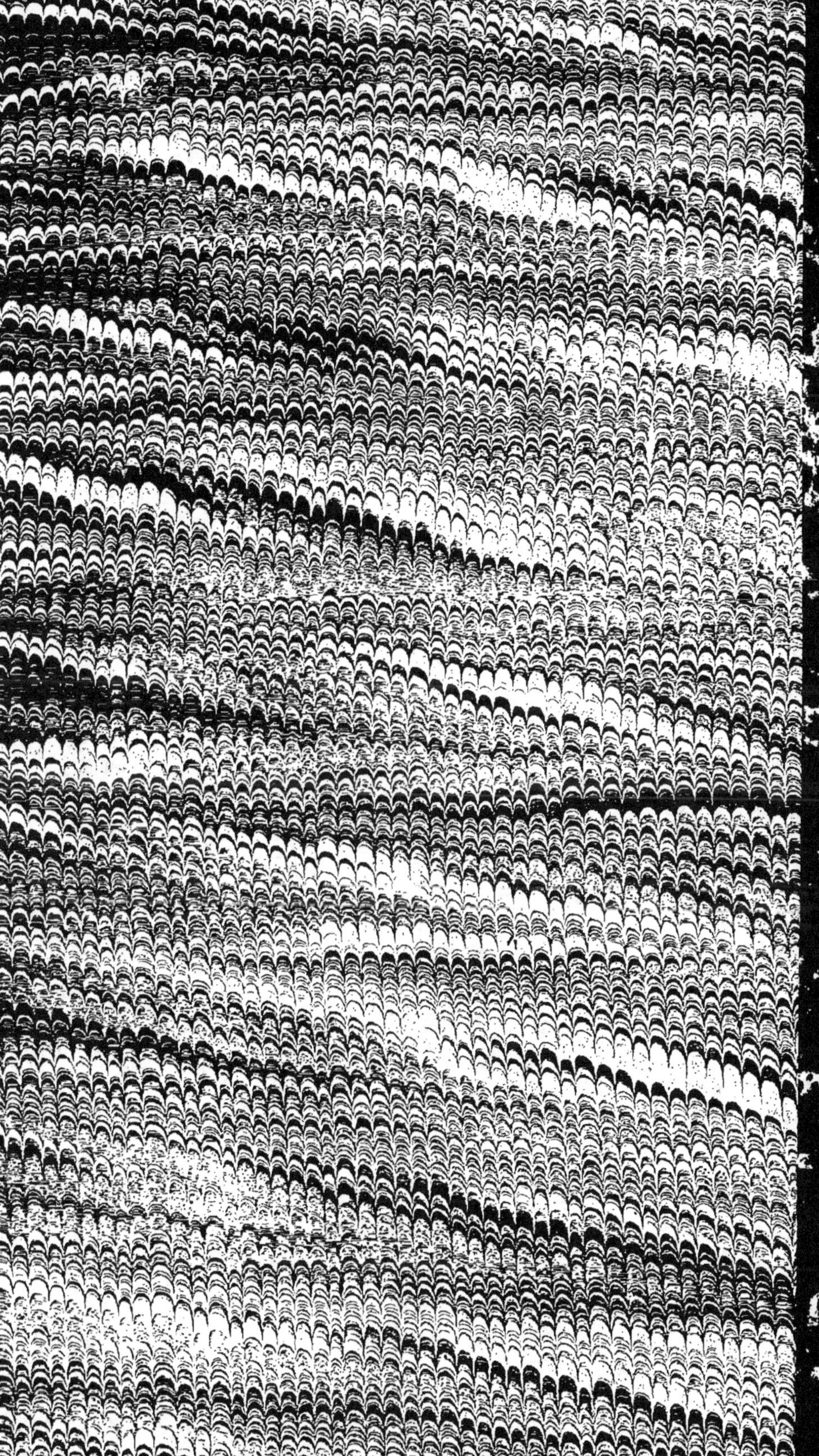

www.ingramcontent.com/pod-product-compliance
Lightning Source LLC
LaVergne TN
LVHW050508100826
845148LV00002B/266